FORTBILDUNG DURCH SELBSTSTUDIUM

Herausgeber: Julius Schärf

Die Buchreihe
„FORTBILDUNG DURCH SELBSTSTUDIUM"
verhilft zu einer schnellen und sicheren Aneignung von Wissen, das für den beruflichen Aufstieg in der heutigen Leistungsgesellschaft erforderlich ist.

An Hand von vollständig durchgeführten Musterbeispielen dringt der Leser schrittweise in das Wissensgebiet ein. Viele Übungen mit angegebenen Lösungen geben ihm die Möglichkeit, die erworbenen Kenntnisse zu überprüfen und schon bald die ihm aufgetragenen Arbeiten zu bewältigen.

Prof. Mag. rer. nat. Alfred Berger wurde 1930 in Wien geboren, unterrichtete an einer höheren berufsbildenden Lehranstalt in Wien sowie an der Schule der Vereinten Nationen in New York. Seit 1967 leitete er die EDV-Abteilung für das berufsbildende mittlere und höhere Schulwesen des Bundesministeriums für Unterricht und Kunst in Wien. Seit 1970 leitet er den Bereich EDV-Ausbildung am Österreichischen Schulrechenzentrum. In dieser Eigenschaft hatte er maßgeblichen Anteil an der Entwicklung von EDV-Lehrgängen für die Berufs- und Lehrerausbildung und veröffentlichte zahlreiche pädagogische Aufsätze auf dem Gebiet des EDV-Unterrichts.

ALFRED BERGER

EINFÜHRUNG IN COBOL

Dritte, verbesserte Auflage

R. OLDENBOURG VERLAG WIEN MÜNCHEN 1984

Mit Erlaß vom 19. Jänner 1984 (Zl. 25 873/3—14a/83) vom Bundesministerium für Unterricht und Kunst zum Unterrichtsgebrauch für die 3. Klasse der Handelsschulen und für den IV. Jahrgang der Handelsakademien zugelassen.

CIP-Kurztitelaufnahme der Deutschen Bibliothek

Berger, Alfred:

Einführung in COBOL / Alfred Berger. — 3., verb.
Aufl. — Wien ; München : Oldenbourg, 1984.
(Fortbildung durch Selbststudium)
ISBN 3-486-34033-6 (München)
ISBN 3-7029-0195-7 (Wien)

1. Auflage 1972

Zeichnungen: F. Rohowsky

Druck: R. Spies & Co., Wien.

ISBN 3-7029-0195-7 R. Oldenbourg Wien.
ISBN 3-486-34033-6 R. Oldenbourg München.

INHALTSVERZEICHNIS

VORWORT ZUR DRITTEN AUFLAGE

Seit der ersten Auflage war die Grundidee dieses Buches die Erkenntnis, daß das Erlernen einer Fremdsprache stufenweise erfolgt und daß das Erlernte durch Übungsstücke immer wieder wiederholt und gefestigt werden muß.

Dies gilt genauso für das Erlernen einer Programmiersprache.

Es wird daher mit nur wenigen einfachen Befehlen, aber doch mit vollständigen und interessanten Programmabläufen begonnen. Es soll mit diesem Buch kein neues COBOL-Manual geschaffen werden. Es wird bewußt darauf verzichtet, eine vollständige Beschreibung aller Befehle und Vorschriften zu liefern, sondern der Leser soll rasch in der Lage sein, Datenablaufpläne zu kodieren und so mit der leicht lesbaren COBOL-Befehlsfolge vertraut werden.

Das Buch ist in zwei Teile gegliedert. Nach dem Studium von Teil A ist der Leser in der Lage, einfache COBOL-Programme selbständig zu programmieren. Er versteht COBOL!

Teil B ist — wie das Inhaltsverzeichnis zeigt — völlig analog dem Teil A aufgebaut. Damit wird der Studierende darauf hingewiesen, daß in jedem Kapitel noch Erweiterungen möglich sind. Es ist nicht der Zweck des Buches, diese Erweiterungen zur Gänze zu besprechen; nach Studium des Teiles B ist der Leser jedoch in der Lage, jedes COBOL-Handbuch mit Verständnis zu benützen und sich so durch weitere Übung zu perfektionieren.

Vom Leser dieses Buches werden keine wesentlichen Vorkenntnisse verlangt. Es ist günstig, wenn man mit der Erstellung von Programmablaufplänen vertraut ist und auch einfachste Kenntnisse über den Hauptspeicheraufbau besitzt. In diesem Sinn wurde auch Paragraph B. 1. geschrieben, der eher einen zusammenfassenden Überblick als eine Einführung bieten soll.

Das Buch ist in gleicher Wiese als Lehrbuch für Schüler an mittleren und höheren Schulen als auch für jene geeignet, die nach einer flüchtigen Bekanntschaft mit den Grundlagen der EDV sich durch Selbststudium eine solide Basis für eine höhere Tätigkeit auf dem Gebiet der Datenverarbeitung erarbeiten wollen.

In die dritte Auflage wurden die Kapitel „A.7.3 Strukturierte Programmierung“ und „A.10. Iteration mittels PERFORM“ neu aufgenommen. Es ist unbestritten, daß sich bereits der Anfänger mit Konzepten des modularen Programmentwurfs vertraut machen muß. Es erschien mir jedoch in diesen Kapiteln besonders wichtig, nicht nur die strukturierte Kodiertechnik, sondern vor allem das strukturierte Denken bei der Problemanalyse hervorzuheben. Letzteres kann natürlich nicht Hauptaufgabe dieses Buches sein, da erstens primär die Sprachelemente von COBOL erklärt werden sollen und zweitens die bescheidene Logik der Beispiele nicht genügend Illustration für die Notwendigkeit moderner Programmentwurfsmethoden bietet.

Zuletzt noch ein Wort zu den benutzten Eingabe- und Ausgabemedien.

Es werden in dieser Einführung nach wie vor häufig Lochkarten und der Drucker zitiert. Es ist richtig, daß die Lochkarte als Eingabemedium weitgehend verschwunden ist und Terminaltastaturen, Bänder, Disketten, Platten als wichtige Ein/Ausgabemedien Verwendung finden. Dies hat jedoch mit dem Studium der Grundbegriffe der COBOL-Sprache nichts zu tun.

In diesem Sinn steht die Lochkarte oder die Druckzeile einfach synonym für *Datensatz*. Das Lesen und Schreiben von Datensätzen von und auf externe Medien ändert im COBOL-Programm so wenig an formalen Beschreibungen, daß man als Musterbeispiel auch heute noch ruhig etwa bei der Lochkarte bleiben kann.

Die Grundbegriffe der COBOL-Sprache sind eine Sache und die Implementierung auf Groß-EDV oder Kleincomputer bzw. Datenorganisation auf Peripheriegeräten ist eine andere. In diesem Buch wurde versucht, dem Leser den Kern der COBOL-Sprache so gründlich nahezubringen, daß er alle Ergänzungen leicht in seinem Wissen einordnen kann. Wenn ein Leser z. B. über Plattenorganisation Bescheid weiß, so wird er jene COBOL-Anweisungen, die zu einer Plattendateiverarbeitung notwendig sind, rasch verstehen. Man soll also COBOL in Verbindung mit externen Speichern erst dann studieren, bis genügend Vorkenntnisse über externe Speicher erworben worden sind. Diese Vorkenntnisse sind aber nicht Voraussetzung für dieses Buch.

Ich danke allen Kollegen, die mir durch wertvolle Hinweise bei der inhaltlichen Gestaltung des Buches geholfen haben, sowie dem Verlag R. Oldenbourg für seine Hilfe bei der schwierigen Satzgestaltung.

Wien, im April 1984 *Alfred Berger*

EINLEITUNG

COBOL ist eine höhere oder problemorientierte Programmiersprache (**CO**mmon **B**usiness **O**riented **L**anguage, d. h. allgemeine kaufmännisch orientierte Sprache).

Wie der Name schon sagt, wurde COBOL für den kommerziellen Bereich geschaffen, während die bekannten Programmiersprachen FORTRAN (**FOR**mula **TRAN**slator, d. h. Formel-Übersetzer) bzw. BASIC (**B**eginner's **A**llpurpose **S**ymbolic **I**nstructions **C**ode, d. h. symbolischer Allzweck-Befehlscode für den Anfänger) für den technisch-wissenschaftlichen Bereich bestimmt sind.

Der Einsatz dieser drei genannten Programmiersprachen bleibt jedoch nicht immer auf den ursprünglichen Verwendungszweck beschränkt.

Genauso wie man FORTRAN und BASIC für kaufmännische Probleme einsetzen kann, lassen sich auch mit COBOL algebraische Berechnungen durchführen. Kein Computer kann erkennen, ob eine durchzuführende Arbeit kaufmännischer oder technischer Natur ist. Diese Unterscheidung ist eine rein äußerliche, und es sei hier klar ausgesprochen, daß man die Unterscheidung von FORTRAN und COBOL nicht ihrem Namen nach durchführen sollte, sondern einzig und allein nach den Möglichkeiten, die in den Sprachen verankert sind. Eine Analyse nach dieser Richtung zeigt, daß sogenannte technisch-wissenschaftliche Programmiersprachen im wesentlichen einige höhere mathematische Funktionen vorprogrammiert enthalten (Wurzel, Sinus, Kosinus usw.). Bei den kommerziellen Sprachen werden die Möglichkeiten des Tabellenverarbeitens sowie Unterstützung bei den verschiedensten Ein- und Ausgaben geboten. Daraus folgt, daß COBOL durchaus auch im mathematischen Bereich eingesetzt werden kann! Rein algebraische Berechnungen lassen sich in allen höheren Programmiersprachen etwa gleichartig behandeln, nur müßten natürlich höhere mathematische Funktionen in kommerziellen Sprachen als Unterprogramme selbst programmiert werden.

GRUNDEIGENSCHAFTEN VON COBOL

COBOL besteht aus englischen Sätzen, die gewissen Regeln gehorchen müssen. Das Programm in englischer Sprache wird *Quellen-* oder *Ursprungsprogramm* genannt. Mit der Entwicklung einer Computersprache, die Sätze einer lebenden Sprache verwendet, wurden folgende Ziele angestrebt:

1. Die Programmiersprache soll nicht nur eine klare Methode sein, um Anweisungen an einen Computer zu geben, sondern das Programm soll auch der Dokumentation dienen (Verbindung Mensch zu Mensch).
2. Die Sprache soll unabhängig von einem bestimmten Computersystem sein.
3. COBOL-Programme sollen auch für den nichtversierten Programmierer, ja sogar von Mitarbeitern, die keine Programmierausbildung besitzen, lesbar sein. Die wenigen englischen Vokabeln, die in COBOL Verwendung finden, sind leicht erlernbar.
4. COBOL soll für den Anfänger kurze Lernzeiten und für den erfahrenen Programmierer kurze Umschulungszeit bieten.
5. Testarbeiten sollen vereinfacht und verkürzt werden.

Aus dieser Zielsetzung ergeben sich folgende Vor- und Nachteile:

Vorteile:

1. Der Programmierer hat geringe Dokumentationsarbeit zu leisten.
2. Der Programmierer braucht sich nur auf die Problematik seiner zu lösenden Aufgabe konzentrieren und nicht auf irgendwelche Schlüsselwörter einzelner Befehle.
3. Programmablaufpläne können sich auf die grundsätzlichen Funktionen beschränken (Grobblockdiagramm), da das Programm selbst in Klartext einfach zu lesen ist.

Nachteile:

1. Das Schreiben von vollständigen englischen Sätzen erfordert relativ viel Schreibarbeit beim Programmieren.
2. Die Beschreibung der Ein- und Ausgabe erfolgt in einem starren Schema und erfordert daher auch viel Schreibarbeit.

Die genannten „Nachteile“ sind jedoch nur scheinbar. Den erhöhten Schreibaufwand bei der Programmierung erspart man wieder bei der Dokumentation. Der teilweise starre Aufbau hat den Vorteil, daß einzelne Programmteile ohne Schwierigkeiten von einem Hilfsprogrammierer ausgeführt werden können.

A. GRUNDBEGRIFFE UND EINFACHSTE FORMEN DER COBOL-PROGRAMMIERUNG

A.1. FACHAUSDRÜCKE DER SPEICHERTECHNIK

Alle Daten, die in einem Computer verarbeitet werden und aus denen auch die Programme zusammengesetzt sind, bestehen aus Zeichen.

> Unter *Zeichen* verstehen wir
>
> die Ziffern Ø bis 9,
> die Buchstaben A bis Z
> und verschiedene Sonderzeichen, wie z. B. Pluszeichen, Minuszeichen, Komma usw.
>
> Alle Zeichen, die in einem COBOL-Programm Verwendung finden, ergeben den COBOL-*Zeichensatz* (s. Anhang 1).

Alle Zeichen können im Hauptspeicher des Computers gespeichert werden.

Der Hauptspeicher besteht aus sogenannten *Speicherstellen* oder *Bytes*, die im allgemeinen je ein Zeichen speichern können.

Eine Zusammenfassung von mehreren Speicherstellen nennt man *Feld* oder *Datenelement*.

Von höheren Programmiersprachen wird häufig behauptet, daß sie computerunabhängig verwendet werden können. Damit meint man zweierlei:

1. Ein etwa in COBOL geschriebenes Programm kann auf Computern von verschiedenen Herstellerfirmen durchgeführt werden.
2. Der Programmierer braucht sich nicht zu kümmern, in welchen Feldern und nach welchem Prinzip die Daten im Hauptspeicher gespeichert sind.

Beides ist nur bedingt richtig. Wenn ein COBOL-Programm auf verschiedenen Anlagen laufen soll, so müssen zumindest einige wenige Steuerkarten geändert werden. Darauf werden wir in diesem Buch nicht weiter eingehen. Was das Prinzip der Speicherung angeht, so ist es ab einem gewissen Niveau unerläßlich, daß der Programmierer über den Speicheraufbau und die Datenstruktur im Hauptspeicher Bescheid weiß.

BEISPIELE

1. Um das Wort „COBOL“ zu speichern, müssen 5 Speicherplätze zu einem 5stelligen Feld zusammengefaßt werden.

2. Zum Speichern des Namens „Peter Huber“ braucht man ein 11-stelliges Feld. Vor- und Zuname bestehen zwar aus je 5 Buchstaben, doch gilt der Zwischenraum zwischen den beiden Wörtern auch als Zeichen (*Blank*-Zeichen), das ebenfalls einen Speicherplatz belegt.

Je nach Verwendung der Felder unterscheiden wir:

numerische Felder, in die nur Ziffern,
alphanumerische Felder, in die beliebige Zeichen, und
alphabetische Felder, in die Buchstaben und *Blank*-Zeichen

gespeichert werden können.

Beachte:

> Zahlen, mit denen gerechnet wird, dürfen nur in numerischen Feldern stehen!

Der Programmierer hat es in der Hand, die Feldart festzulegen.

Der Grund, warum diese Unterscheidung vorgenommen werden muß, liegt darin, daß Rechengrößen in etwas anderer Art gespeichert werden als Buchstaben und Worte. Eine entsprechende Mitteilung an den Computer ist daher notwendig.

Für das Programmieren ist folgende Tatsache sehr wichtig:

> Durch das Festlegen von Feldern durch entsprechende Anweisungen werden im allgemeinen die Feldinhalte nicht auf Null oder Blank gesetzt.

Wenn also der Programmierer die Absicht hat, in ein Summenfeld verschiedene Werte zu addieren, so muß er Vorsorge treffen, daß zu Beginn der Arbeit das Summenfeld auf Null gesetzt wird. Wenn dies nicht beachtet wird, könnten zwei Dinge eintreten:

1. Entweder ein beliebiger Zahlenwert aus einem vorangegangenen Programm verfälscht das Resultat, oder
2. ein nichtnumerischer Wert war gespeichert und bewirkt einen Programmabbruch.

Mehrere nebeneinanderliegende Felder bilden einen *Bereich* oder eine *Datengruppe*.

BEISPIELE

1. Von einem Kunden werden Kundennummer, Name und Geburtsdatum gespeichert. In der folgenden Abb. 1 sind die dazu benötigten Speicherplätze durch Zellen symbolisiert. Die 3 Felder bilden einen Bereich.

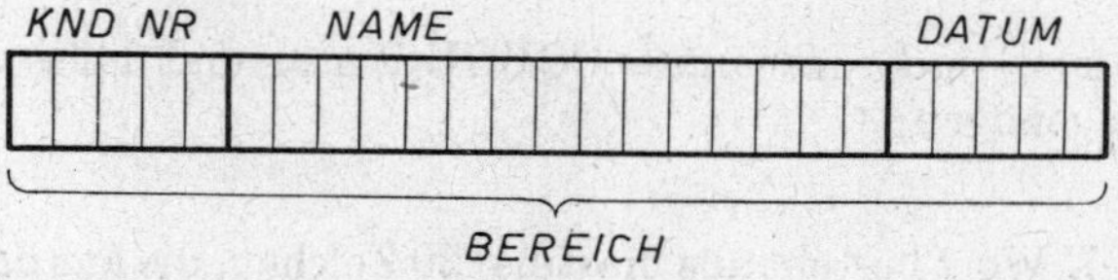

Abb. 1

2. Eine Lochkarte enthält 16 Zahlen. Jede dieser Zahlen ist kleiner als 100000. Zum Speichern jeder dieser Zahlen genügt daher ein 5stelliges Feld. Die 16 Felder bilden einen Bereich, der genau einer 80spaltigen Lochkarte entspricht.

Gleichartig aufgebaute Bereiche nennt man auch *Datensätze.* Der englische Ausdruck dafür ist *record.*

BEISPIEL

Die Namen und Adressen von Angestellten eines Großbetriebes sollen gespeichert werden. Eine Voruntersuchung ergibt, daß kein Name mehr als 30 Buchstaben enthält und daß keine Adresse aus mehr als 47 Zeichen besteht. Alle Datensätze können daher in einem Bereich gespeichert werden, der aus einem 30stelligen Namensfeld und einem 47stelligen Adreßfeld besteht.

Eine Vielzahl von gleichartigen Sätzen nennt man einen *Datenbestand* oder eine *Datei.* Der englische Ausdruck dafür ist *file.*

BEISPIELE

1. Kontonummer, Name des Kontoinhabers und Kontostand aller Kunden einer Bank sind gespeichert. Die Daten jedes einzelnen Kunden belegen einen Bereich bzw. Satz. Die Gesamtheit aller gespeicherten Daten bildet einen **Datenbestand,** den wir etwa KUNDENKONTEN nennen können.

2. Artikelnummern und Artikelbezeichnungen werden auf einer Liste durch den Drucker eines Computers ausgedruckt. Jede Zeile enthält 2 Felder und bildet demnach einen Satz. Alle Zeilen (d. h. also die ausgedruckte Liste) bilden einen **Datenbestand.**

A.2. COBOL-NAMEN

Alle Felder, Bereiche, Sätze und Datenbestände, die in einem COBOL-Programm angesprochen werden, erhalten vom Programmierer willkürliche Namen zugewiesen.

Die Datennamen sind sogenannte COBOL-Worte und müssen folgenden Formalregeln genügen:

1. Ein COBOL-Wort besteht aus maximal 30 Zeichen, die aus den folgenden 37 Zeichen ausgewählt werden:

   aus den Ziffern Ø bis 9,

   aus den Buchstaben A bis Z und

   aus dem Bindestrich -

2. Ein COBOL-Wort darf nicht mit einem Bindestrich beginnen oder mit einem Bindestrich enden. Datennamen müssen mindestens ein alphabetisches Zeichen enthalten.

3. Bestimmten COBOL-Worten ist bereits eine feste Bedeutung zugewiesen. Diese sogenannten reservierten COBOL-Worte darf der Programmierer nicht mehr frei benützen. Im Anhang 5 sind alle reservierten COBOL-Worte angeführt.

BEISPIELE

Gültige COBOL-Worte sind:

ABC	A	1A1	SALDO-UEBERTRAG
A1	A-DRUCK	A11-22	KATZ-UND-MAUS

Ungültige COBOL-Worte sind:

A-	Bindestrich am Ende!
A.1	Punkt nicht erlaubt!
-AB	Bindestrich am Anfang!

Beachte:

Dem Datennamen ist nur das *Feld*, nicht aber der *Feldinhalt* zugewiesen.

Ein Feld (oder Bereich) ist — grob gesprochen — ein Stückchen des Hauptspeichers. Diesem Speicherteil ist nun der Feld- oder Bereichsname zugewiesen, ohne Rücksicht, was in diesem Speicherteil gerade enthalten ist. So kann etwa einem 4stelligen Feld der Name JAHRESZAHL zugeordnet sein, und in diesem einen Feld können während eines Programmlaufes die verschiedensten Jahreszahlen gespeichert werden.

Selbstverständlich dürfen für *verschiedene* ansprechbare Felder nicht die gleichen Namen vergeben werden. Eine eindeutige Programmierung wäre dadurch nicht mehr möglich[1].

A.2.1. FILLER

Werden Felder im Laufe des Programms niemals angesprochen, so ist es nicht notwendig, diese mit verschiedenen Namen zu versehen. Es genügt in diesem Fall, das reservierte COBOL-Wort FILLER zu verwenden.

> Mit **FILLER** können beliebig viele Felder bezeichnet werden, wenn auf deren Inhalte im Programm nicht zugegriffen wird.

Sehr häufig wird dies bei der Gestaltung des Druckbereiches angewendet.

BEISPIEL

Es soll eine Liste gedruckt werden, die in jeder Zeile Name, Geburtsort und Adresse von verschiedenen Personen enthält. Der Druckbereich kann dann aus folgenden 5 Feldern bestehen:

NAME, FILLER, GEBURTSORT, FILLER, ADRESSE.

Die beiden mit FILLER bezeichneten Felder enthalten nur Leerzeichen (Blanks), werden nie angesprochen und dienen nur der schöneren Druckgestaltung. Die Liste wäre ja sehr unübersichtlich, wenn die Felder NAME, GEBURTSORT und ADRESSE unmittelbar aneinanderstießen, so daß mitunter eine einzige Buchstabenkette ausgedruckt würde.

---

[1] Von dieser Einschränkung gibt es eine Ausnahme. Es sind dies die sogenannten *qualifizierten Datennamen*, auf die hier nicht weiter eingegangen wird.

A.3. LITERALE

Literale sind Felder, denen kein Name zugewiesen ist, sondern die durch ihren Inhalt selbst definiert werden.

Der wesentlichste Unterschied der Literale zu den Namensfeldern ist der, daß der Feldinhalt von Literalen im Laufe eines Programms nicht verändert werden kann, also konstant bleibt. Man findet daher statt Literal auch die Bezeichnung *literale Konstante*.

Die wichtigsten Formen der Literale sind:

nichtnumerische Literale,
numerische Literale,
figurative Konstanten.

A.3.1. Nichtnumerische Literale

Ein *nichtnumerisches Literal* muß von Hochkommas (') eingeschlossen werden und kann aus beliebigen Zeichen bestehen.

Leerstellen innerhalb der Hochkommas werden daher auch als Teile des Literals betrachtet.

Ein nichtnumerisches Literal darf aber 120 Zeichen nicht überschreiten.

BEISPIELE

'SOLL   HABEN'
'REGENSBURG, AM 11. Ø4. 1971'
'23456'

Beachten Sie, daß das letzte Literal auch zu den nichtnumerischen gehört, da die Definitionseigenschaft, nämlich beliebige Zeichen stehen zwischen Hochkomma, erfüllt ist.

A.3.2. Numerische Literale

Ein *numerisches Literal* muß aus wenigstens einer und höchstens 18 Ziffern bestehen und steht nicht zwischen Hochkommas.

Es kann die Ziffern Ø bis 9, das Plus- und das Minuszeichen und den Dezimalpunkt enthalten.

Es darf nur *ein* Vorzeichen und *ein* Dezimalpunkt auftreten.

Wird ein Vorzeichen verwendet, so muß es als das am weitesten links stehende Zeichen geschrieben werden. Ein numerisches Literal ohne Vorzeichen ist erlaubt und wird als positiv betrachtet. Der Dezimalpunkt kann innerhalb des Literals an beliebiger Stelle auftreten, jedoch nicht an letzter Stelle. Enthält ein numerisches Literal keinen Dezimalpunkt, so handelt es sich um eine ganze Zahl.

BEISPIELE

34Ø56
−35.678
.45

A.3.3. Figurative Konstanten

Eine *figurative Konstante* ist eine besondere Art von Literalen, bei der ein Feldinhalt durch ein reserviertes COBOL-Wort angedeutet wird.

Die wichtigsten dieser Worte sind:

ZERO ...... bedeutet Null
SPACE ...... bedeutet Leerstelle

Statt ZERO kann auch ZEROS oder ZEROES geschrieben werden. Statt SPACE kann auch SPACES geschrieben werden.

Die Feldlänge ist unbestimmt und richtet sich jeweils nach der Feldlänge jenes Feldes, in welches die Nullen oder Leerstellen übertragen werden sollen.

BEISPIEL

Der Befehl

MOVE SPACES TO DRUCKBEREICH

bedeutet, daß ein Bereich mit dem Namen DRUCKBEREICH zur Gänze mit Leerstellen gefüllt wird. Man sagt auch, der Druckbereich wird *gelöscht*.

Beachte:

ZERO kann als numerisches, aber auch als alphanumerisches Literal aufgefaßt werden und kann daher in numerische als auch in alphanumerische Felder übertragen werden.

SPACE ist ein alphanumerisches Literal und darf daher nicht in numerische Felder übertragen werden.

Näheres im Teil B.

A.4. DAS COBOL-PROGRAMMSCHEMA

Das vom Programmierer entwickelte Programm ist ebenfalls ein Datenbestand. Es besteht aus mehreren Sätzen, die einer gewissen Norm entsprechen müssen. Ein COBOL-Kodierblatt erleichtert die Einhaltung dieser Normen (s. Abb. 2).

Jeder Zeile entspricht ein Satz; dieser wird in je eine Lochkarte gelocht.

Jeder Satz besteht aus folgenden 5 Feldern:

Stelle	*Feldinhalt*
1–3	Seitennummer
4–6	Zeilennummer
7	Folgezeichen
8–72	COBOL-Befehle
73–8Ø	Programmname

Die Seiten- und Zeilennummer sowie der Programmname dienen bloß der Identifikation und sind daher keine wesentlichen Bestandteile des COBOL-Programms.

Das *Folgezeichen*[1] wird nur in besonderen Fällen gesetzt (s. Kapitel B.4.) und bleibt vorerst außer Betracht.

Nur die Stellen 8–72 enthalten die eigentlichen Beschreibungen und COBOL-Anweisungen und werden daher bei allen angeführten Beispielen berücksichtigt. In diesem Feld herrscht grundsätzlich freies Format, d. h. die einzelnen COBOL-Wörter können an verschiedenen Stellen stehen, und es können zwischen den COBOL-Worten ein oder mehrere Leerstellen sein. Folgende Besonderheiten sind jedoch zu beachten:

1. Manche Anweisungen müssen ganz links, d. h. also an der Stelle 8 beginnen. Man nennt diese Stelle auch den *A-Rand.*
2. Einige Anweisungen dürfen nicht am A-Rand beginnen. Man rückt diese Anweisungen um 4 Stellen nach rechts und beginnt an Stelle 12. Man nennt diese Stelle den *B-Rand.*
3. Am Ende einer COBOL-Anweisung muß ein Punkt sein.
4. In einem COBOL-Satz dürfen an beliebigen Stellen Beistriche stehen.
5. Für das weitere Setzen von Interpunktionen, Klammern und Rechenzeichen siehe Anhang 2.

[1] Statt „Folgezeichen" sagt man auch „Trennungszeichen".

Wichtiger Hinweis:

Bei allen COBOL-Programmen dieses Buches werden nur die COBOL-Befehle (Stelle 8-72) angegeben.

Bei der verwendeten Schriftgröße ist es nicht möglich, diese 65 Zeichen in einer Zeile unterzubringen. Es werden deshalb zu lange Zeilen geteilt und der zweite Teil deutlich eingerückt gedruckt.

A.5. AUFBAU EINES COBOL-PROGRAMMS

Alle COBOL-Programme werden in 4 Abschnitte (DIVISIONS) unterteilt, die jeweils einen bestimmten Programmierungszweck abgrenzen. Die ersten 3 Abschnitte dienen der Maschinen- und Datenbeschreibung, der letzte Abschnitt enthält die Programmbefehle.

Maschinen- und Datenbeschreibung:	
1. IDENTIFICATION DIVISION	*Benennungsteil*
2. ENVIRONMENT DIVISION	*Maschinenteil*
3. DATA DIVISION	*Datenteil*
Befehlsfolge:	
4. PROCEDURE DIVISION	*Verarbeitungsteil*

Der erste Teil dient nur der Benennung und Beschreibung des Programms.

Im zweiten Teil wird die Maschinenausrüstung beschrieben.

Im dritten Teil werden die Längen (= Anzahl der benötigten Speicherplätze) aller Bereiche und Felder festgesetzt. Außerdem werden allen Dateien, Sätzen, Bereichen und Feldern willkürliche Namen zugewiesen.

Im vierten Teil entwickelt der Programmierer das eigentliche Programm, d. h. also die logische Folge von Befehlen, die der Computer in der angegebenen Reihenfolge durchführen soll.

A.6. DIE BEFEHLSFOLGE (PROCEDURE DIVISION)

Um dem Leser Gelegenheit zu geben, sich rasch mit der Programmiertechnik in COBOL vertraut zu machen, werden die ersten drei Teile erst später besprochen.

Zunächst werden wir die gegebenen und gesuchten Sätze und Felder der Beispiele formlos in der Angabe beschreiben.

Dezimalstellen werden zunächst noch nicht besonders berücksichtigt.

Wir gehen sofort zu den wichtigsten Programmierbefehlen der PROCEDURE DIVISION über.

BEISPIELE

A.6.1 Gegeben sind Lochkarten mit folgender Bereichseinteilung:

Spalte	*Feldinhalt*	*Feldname*
1—5	beliebige ganze Zahl	A
6—1Ø	beliebige ganze Zahl	B
11—8Ø	leer	keiner

Gesucht ist eine Druckliste mit folgender Einteilung:

Stelle	*Feldinhalt*	*Feldname*
1—5	der Wert A aus der Lochkarte	A-DRUCK
6—1Ø	leer	FILLER
11—15	der Wert B aus der Lochkarte	B-DRUCK
16—2Ø	leer	FILLER
21—26	die Summe aus A und B	A-PLUS-B
27—31	leer	FILLER
32—41	das Produkt aus A mal B	A-MAL-B

Die Kodierung des Ausführungsteils wurde in Abb. 2 durchgeführt

COBOL-Programmschema

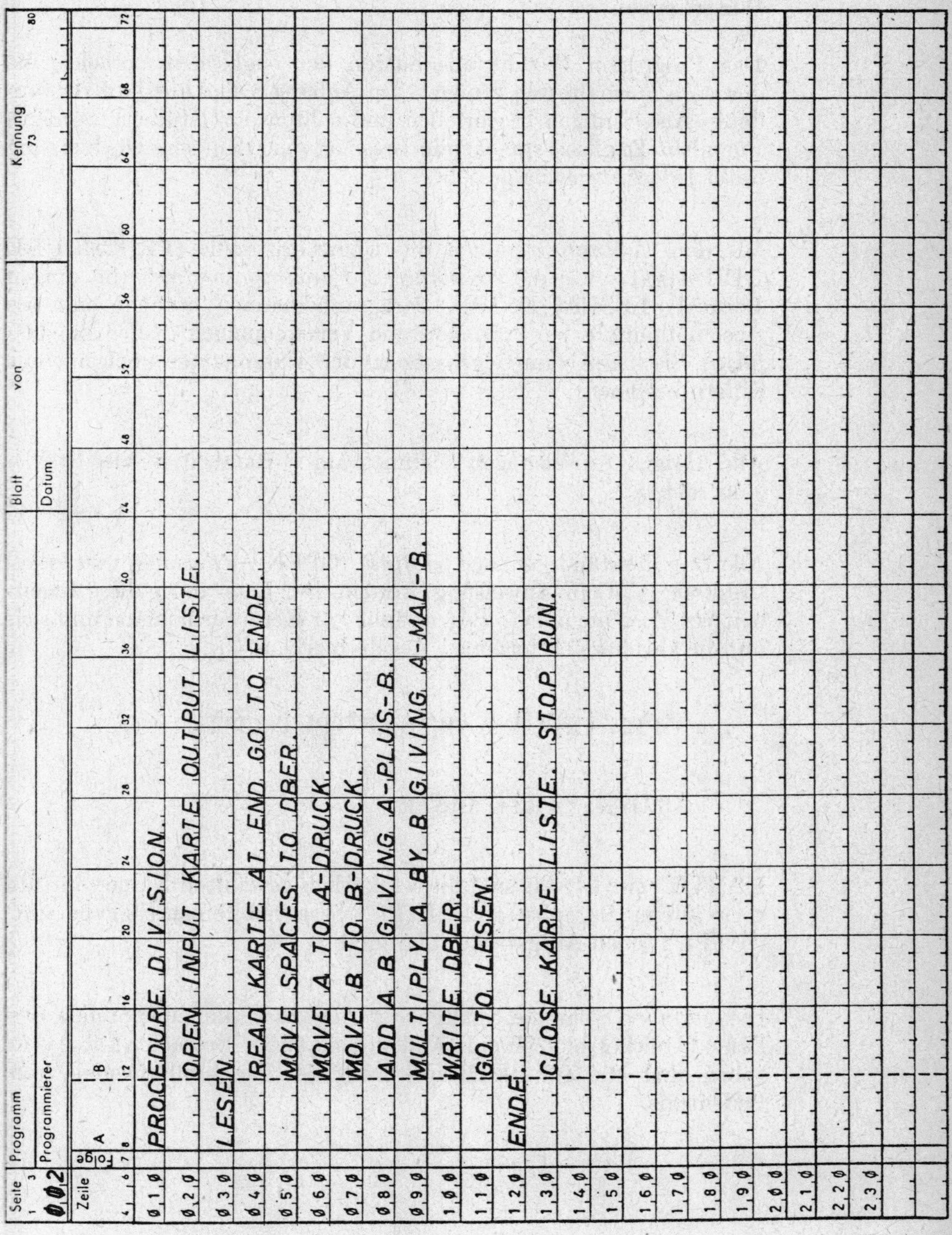

Seite 002 | Programm | Programmierer | Blatt von | Datum | Kennung 73 80

```
Zeile  A   B
010    PROCEDURE DIVISION.
020        OPEN INPUT KARTE OUTPUT LISTE.
030    LESEN.
040        READ KARTE AT END GO TO ENDE.
050        MOVE SPACES TO DBER.
060        MOVE A TO A-DRUCK.
070        MOVE B TO B-DRUCK.
080        ADD A B GIVING A-PLUS-B.
090        MULTIPLY A BY B GIVING A-MAL-B.
100        WRITE DBER.
110        GO TO LESEN.
120    ENDE.
130        CLOSE KARTE LISTE. STOP RUN.
140
150
160
170
180
190
200
210
220
230
```

Abb. 2

Wir erkennen:

Das Programm besteht aus Sätzen der englischen Sprache, die gewissen Formalregeln genügen. Im Anhang 3 sind alle hier verwendeten Anweisungen beschrieben und sollten dort studiert werden[1]. Für nicht Englisch sprechende Leser ist eine deutsche Übersetzung unter jede Anweisung gestellt.

Mit dem A-Rand beginnen die Überschriftszeile (PROCEDURE DIVISION) sowie die sogenannten *Paragraphennamen* (im obigen Beispiel: LESEN, ENDE). Paragraphennamen braucht man als Anschlußpunkte bei Sprüngen und Verzweigungen in der Befehlsfolge[2]. Sie können im Gegensatz zu den Datennamen auch nur aus Ziffern bestehen.

Alle übrigen Anweisungen beginnen am B-Rand, d. h. vier Stellen eingerückt.

Alle Datenbestände müssen '*eröffnet*' (OPEN-Anweisung) und '*abgeschlossen*' (CLOSE-Anweisung) werden. Der Leser möge diese Eigenheit vorerst ohne nähere Begründung zur Kenntnis nehmen und sich nur die zugehörigen formalen Regeln merken:

```
OPEN INPUT KARTE OUTPUT LISTE.
...............
CLOSE KARTE LISTE.
```

KARTE bzw. LISTE sind die willkürlich gewählten Namen für die verwendeten Datenbestände. INPUT beschreibt einen Eingabe- und OUTPUT einen Ausgabedatenbestand.

Die Angaben über die Spalten der Lochkarte und die Stellen des Druckbereiches bleiben einstweilen noch außer Betracht. Diese Angaben sind erst für die Besprechung des Beschreibungsteils von Bedeutung.

---

[1] Siehe Seite 133 ff.
[2] Siehe Anhang 3.

Die beiden Zeilen:

```
ADD A B GIVING A-PLUS-B.
MULTIPLY A BY B GIVING A-MAL-B.
```

könnte man auch ersetzen durch:

```
COMPUTE A-PLUS-B = A + B.
COMPUTE A-MAL-B = A * B.
```

Es ergäbe sich dadurch das gleichwertige Programm:

```
PROCEDURE DIVISION.
        OPEN INPUT KARTE OUTPUT LISTE.
LESEN.
        READ KARTE AT END GO TO ENDE.
        MOVE SPACES TO DBER.
        MOVE A TO A-DRUCK.
        MOVE B TO B-DRUCK.
        COMPUTE A-PLUS-B = A + B.
        COMPUTE A-MAL-B = A * B.
        WRITE DBER.
        GO TO LESEN.
ENDE.
        CLOSE KARTE LISTE STOP RUN.
```

Bemerkung:

Durch die COMPUTE-Anweisung werden die Anweisungen für die 4 Grundrechnungsarten entbehrlich. Bei einfacheren Berechnungen soll jedoch nicht COMPUTE verwendet werden, da dadurch für das Programm mehr Hauptspeicherplätze belegt werden.

A.6.2 Gegeben: Lochkarten

Spalte	*Feldinhalt*	*Feldname*
1—2	Kartenart	E-KARTENART
3—7	Artikelnummer	E-ARTNR
8—12	Einzelpreis	E-EINZELPREIS
13—27	Bezeichnung	E-BEZ
28—31	Menge	E-MENGE
32—8Ø	leer	FILLER

Gesucht: Liste

Artikelnummer	*Bezeichnung*	*Menge*	*Einzelpreis*
(ARTNR)	(BEZ)	(MENGE)	(EINZELPREIS)
1–5	6–2Ø	21–24	25–29

In Klammer stehen jeweils die Namen der Felder des Druckbereichs. Der Eingabedatenbestand heißt KARTE, der Ausgabebestand LISTE. Den Druckbereich nennen wir ZEILE.

Die Kodierung des Ausführungsteils lautet:

```
PROCEDURE DIVISION.
        OPEN INPUT KARTE, OUTPUT LISTE.
LESEN.
        READ KARTE AT END GO TO SCHLUSS.
        MOVE E-ARTNR TO ARTNR.
        MOVE E-EINZELPREIS TO EINZELPREIS.
        MOVE E-MENGE TO MENGE.
        MOVE E-BEZ TO BEZ.
        WRITE ZEILE.
        GO TO LESEN.
SCHLUSS.
        CLOSE KARTE, LISTE.
        STOP RUN.
```

Wir bemerken:

Das Feld E-KARTENART wurde im vorliegenden Programm nicht benötigt.

Die Beistriche nach dem Wort KARTE könnten auch wegbleiben.

A.6.3 In Lochkarten sind unter anderem in einem Feld mit dem Namen FELD gewisse Zahlen gelocht. Ein Kartenpaket wird eingelesen, und nach dem Einlesen der letzten Karte soll die Summe aller Zahlen ausgedruckt werden.

Kodierung:

```
PROCEDURE DIVISION.
          OPEN INPUT KARTE OUTPUT LISTE.
L.        READ KARTE AT END GO TO ENDE.
          COMPUTE SUMME = SUMME + FELD.
          GO TO L.
ENDE.
          MOVE SPACE TO DBER.
          MOVE SUMME TO DSUM.
          WRITE DBER.
          CLOSE KARTE LISTE. STOP RUN.
```

Wir bemerken:

Die Paragraphennamen können, aber müssen nicht in eine eigene Zeile geschrieben werden. Hier wurde der Paragraphenname L. und der READ-Befehl in eine Lochkarte gelocht, während ENDE in einer eigenen Zeile steht.

Die Anweisung COMPUTE SUMME = SUMME + FELD darf nicht als Gleichung angesehen werden. Rechts vom Zeichen = steht der eigentliche Rechenbefehl; das Ergebnis der Rechnung wird dann in jenes Feld übertragen, das links vom Zeichen = steht.

DSUM ist ein Feld im Druckbereich. Der Druckbereich wird DBER genannt.

Fast alle Anweisungen, die im Anhang 3 beschrieben sind, wurden in den bisherigen Beispielen bereits verwendet. Eine der wesentlichsten Eigenschaften der Computerverarbeitung besteht jedoch in der Möglichkeit, auch *Bedingungen* in die Befehlsfolge einzubauen. Dies geschieht in COBOL durch die IF-Anweisung, die im folgenden Beispiel eingeführt wird.

A.6.4 *Billige Ecke*

Ein Niederpreisgeschäft will alle Artikel, die höchstens S 30,— kosten, in einer „billigen Ecke" zusammenfassen. Zu diesem Zwecke wird eine Liste dieser Artikel benötigt, die folgende Angaben enthalten soll:

Artikelnummer	*Artikelbezeichnung*	*Preis*
(DARTNR)	(DARTBEZ)	(DPREIS)
1—3	7—31	42—48

Es liegen Eingabekarten mit folgender Datenfeldeinteilung vor:

Spalte	*Feldinhalt*	*Feldname*
3—5	Artikelnummer	ARTNR
6—3Ø	Artikelbezeichnung	ARTBEZ
31—36	Preis	PREIS

Kodierung:

```
PROCEDURE DIVISION.
        OPEN INPUT KARTE, OUTPUT DRUCKER.
        MOVE SPACES TO DBER.
ANFANG.
        READ KARTE AT END GO TO ENDE.
        IF PREIS LESS 3Ø.Ø1 GO TO VERARB.
        GO TO ANFANG.
VERARB.
        MOVE ARTNR TO DARTNR.
        MOVE ARTBEZ TO DARTBEZ.
        MOVE PREIS TO DPREIS.
        WRITE DBER.
        MOVE SPACES TO DBER.
        GO TO ANFANG.
ENDE.
        CLOSE KARTE DRUCKER. STOP RUN.
```

Wir bemerken:

In der IF-Anweisung wurde ein numerisches Literal, nämlich 3Ø.Ø1, verwendet.

Die IF-Anweisung sagt folgendes aus: Wenn der Inhalt des Feldes PREIS kleiner als 3Ø.Ø1 ist, dann wird nach VERARB verzweigt. Wenn dies nicht der Fall ist, wird der nächste Befehl (d. i. GO TO ANFANG.) durchgeführt.

Ein geübter Programmierer kann unter Verwendung des Befehls
IF PREIS GREATER 3Ø . . . usw.
einen Befehl einsparen. Wieso?

A.6.5 Gegeben: Karten, wie in Beispiel A.6.2

Gesucht: Liste mit folgender Bereichseinteilung:

ARTNR	BMENG	GMENG
1–5	6–9	1Ø–13

Pro Karte wird eine Zeile gedruckt.

Wenn die Menge ≤5ØØØ ist, wird sie in das Feld BMENG übertragen (Feld GMENG soll leer sein).

Wenn die Menge >5ØØØ ist, wird sie in das Feld GMENG übertragen (Feld BMENG soll leer sein).

Kodierung:

```
PROCEDURE DIVISION.
         OPEN INPUT KARTE OUTPUT DRUCKER.
LESEN.
         READ KARTE AT END GO TO ENDE.
         MOVE SPACES TO DBER.
         MOVE E-ARTNR TO ARTNR.
         IF E-MENGE GREATER 5ØØØ GO TO A1.
         MOVE E-MENGE TO BMENG.
         GO TO A2.
A1.      MOVE E-MENGE TO GMENG.
A2.      WRITE DBER.
         GO TO LESEN.
ENDE. CLOSE KARTE DRUCKER. STOP RUN.
```

A.6.6 *Zinsenrechnung*

Gegeben: Lochkarten

Spalte	*Feldinhalt*	*Feldname*
1–8	Kapital	K
9–13	Jahreszinsfuß	P
14–15	Tag (von)	T1
16–17	Monat (von)	M1
18–19	Jahr (von)	J1
20–21	Tag (bis)	T2
22–23	Monat (bis)	M2
24–25	Jahr (bis)	J2

1 Monat = 30 Tage

1 Jahr = 360 Tage

Pro Karte sind die einfachen Zinsen nach der Formel

$$Z = \frac{K \cdot p \cdot t}{100 \cdot 360}$$

zu berechnen und auf dem Drucker auszugeben.

T1, M1, J1 gibt das Datum des Verzinsungsbeginns an,

T2, M2, J2 gibt das Datum des Verzinsungsendes an.

Kodierung:

```
PROCEDURE DIVISION.
ANFANG. OPEN INPUT KARTE OUTPUT LISTE.
LESEN.
        MOVE ZERO TO DBER.
        READ KARTE AT END GO TO AUS.
        IF T1 EQUAL TO 31 MOVE 3Ø TO T1.
        IF T2 = 31 MOVE 3Ø TO T2.
        SUBTRACT J1 FROM J2 GIVING DJ.
        SUBTRACT M1 FROM M2 GIVING DM.
        SUBTRACT T1 FROM T2 GIVING DT.
        MULTIPLY DJ BY 36Ø GIVING TJ.
        MULTIPLY DM BY 3Ø GIVING TM.
        ADD TJ TM DT GIVING SUMTAGE.
        MULTIPLY P BY SUMTAGE GIVING FELD.
        MULTIPLY FELD BY K GIVING FELD.
        DIVIDE 36ØØØ INTO FELD GIVING DBER.
        WRITE DBER.
        GO TO LESEN.
AUS. CLOSE KARTE LISTE, STOP RUN.
```

Wir bemerken:

Es wurde absichtlich die COMPUTE-Anweisung vermieden, um speichersparend zu programmieren.

Der Druckbereich wurde nicht mit SPACES, sondern mit ZERO gelöscht. Der Grund liegt darin, daß der Druckbereich nur aus einem einzigen numerischen Feld besteht. In diesem Fall ist das Übertragen von SPACE nicht erlaubt. Näheres in Kapitel B.6.2.

Der Programmablaufplan zeigt, wie aus den gegebenen Daten die dazwischenliegenden Tage gerechnet werden.

Man beachte, daß DT bzw. DM auch negative Werte annehmen kann!

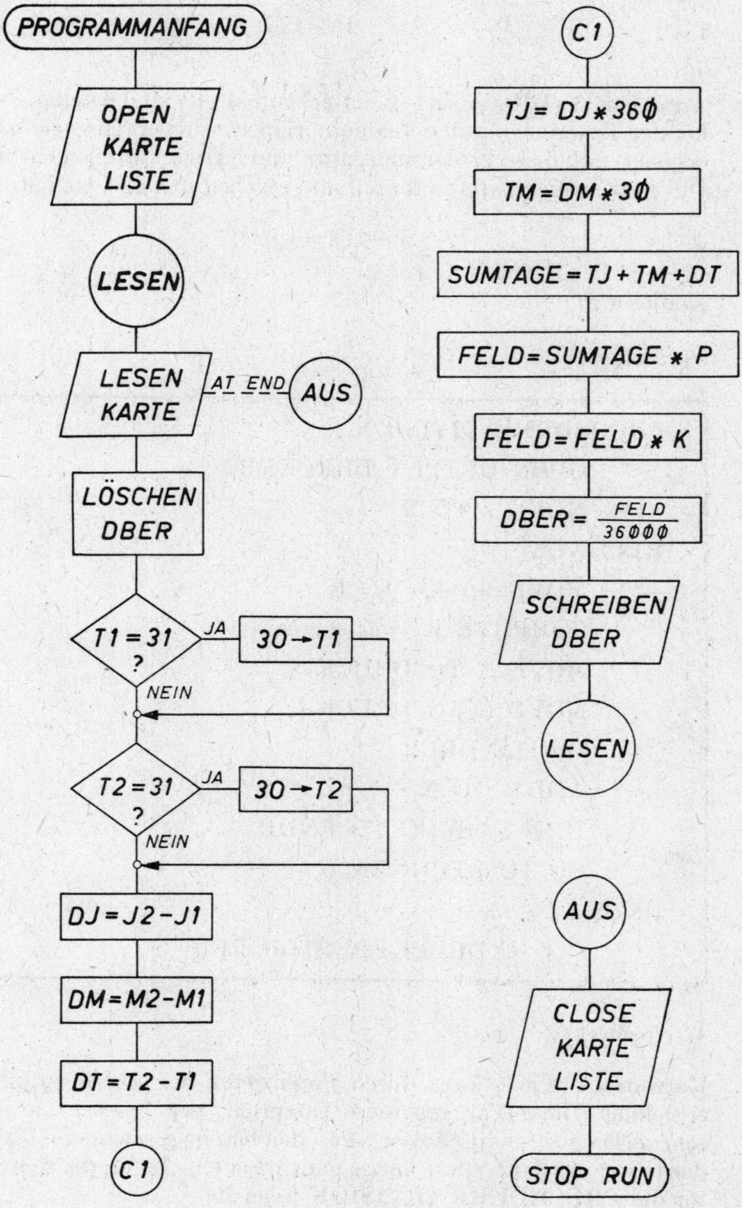

A.6.7 Es ist eine Tabelle der *Aufzinsungsfaktoren* für $p = 8\%$ für ein bis zehn Jahre zu erstellen. Es ist keine Karte gegeben, der Druckbereich ist wie folgt eingeteilt:

Jahr (DRUCK-N)	*Aufzinsungsfaktor* (DRUCK-R)
1—2	13—18

Ausgabefeld (DRUCK-R) und Rechenfeld (R) sind 6stellig. Später, bei der Besprechung der Felddefinitionen, wird erklärt, wie man es erreicht, daß diese Felder eine ganze und 5 Dezimalstellen enthalten. Die Aufzinsungsfaktoren für n Jahre ergeben sich aus der Formel:

$$\text{Faktor} = 1{,}08^n$$

Kodierung:

Variante 1:

```
PROCEDURE DIVISION.
         OPEN OUTPUT DRUCKER.
         MOVE 1 TO N.
RECHNEN.
         MOVE 1.Ø8ØØØ TO R.
         COMPUTE R = R ** N.
         MOVE N TO DRUCK-N.
         MOVE R TO DRUCK-R.
         WRITE DBER.
         ADD 1 TO N.
         IF N > 1Ø GO TO ENDE.
         GO TO RECHNEN.
ENDE.
         CLOSE DRUCKER. STOP RUN.
```

Wir bemerken:

Es wurde für jede Zeile durch Potenzieren der Aufzinsungsfaktor errechnet. Diese Vorgangsweise entspricht der Formel, ist jedoch sehr rechenaufwendig. Besser ist es, den bereits gerechneten Wert für das $(n-1)$-te Jahr mit 1,08 zu multiplizieren. Es ergibt sich somit für die PROCEDURE DIVISION folgende

Variante 2:

```
PROCEDURE DIVISION.
        OPEN OUTPUT DRUCKER.
        MOVE 1 TO N.
        MOVE 1 TO R.
RECHNEN.
        COMPUTE R=R * 1.08.
        MOVE SPACE TO DBER.
        MOVE N TO DRUCK-N.
        MOVE R TO DRUCK-R.
        WRITE DBER.
        ADD 1 TO N.
        IF N > 1Ø GO TO ENDE.
        GO TO RECHNEN.
ENDE.
        CLOSE DRUCKER. STOP RUN.
```

ÜBUNGEN

A.6.01 Das Ergebnis einer *Inventur* wurde auf folgende Weise in Karten gelocht:

Spalte	*Feldinhalt*	*Feldname*
1—10	Lagernummer	LAGNR
12—30	Artikelbez.	ART
32—34	Anzahl	ANZ
36—36	Schlüssel	SCHL

Am Jahresbeginn soll nun bestellt werden, was nicht mehr oder in zu geringer Menge vorhanden ist.

Ist die festgestellte Anzahl = Ø oder der Bestellschlüssel = "X", sollen Lagernummer und Artikelbezeichnung ausgedruckt werden.

Bestelliste:

Lagernummer (DLAGNR)	*Artikelbez.* (DART)
1—1Ø	14—32

A.6.02 Gegeben sind Karten:

Spalte	*Feldinhalt*	*Feldname*
1	Kartenart	KA
2–3	ganze Zahl	ZAHL

Es können nur die Kartenarten 1 und 2 vorkommen.

Gesucht ist der Ausdruck einer Zeile:

SUM1	SUM2
5–8	13–16

In SUM1 soll die Summe aller Zahlen von KA = 1 stehen, in SUM2 die Summe aller Zahlen von KA = 2.

A.6.03 Übung *A.6.02* soll so erweitert werden, daß noch weitere Kartenarten vorkommen können und die entsprechenden Summen in weiteren Feldern SUM3, SUM4, ... ausgedruckt werden.

A.6.04 Angabe und Druckbereich wie Übung *A.6.02*. Es soll aber nicht nur die Summe, sondern für jede Karte eine Zeile ausgedruckt werden, wobei die Zahlen von KA = 1 in der linken Spalte SUM1 aufscheinen und die Zahlen von KA = 2 in der rechten Spalte SUM2.

In den nächsten Beispielen soll das 2. Format der IF-Anweisung behandelt werden.

BEISPIELE

A.6.8 Folgender Ablauf ist zu kodieren:

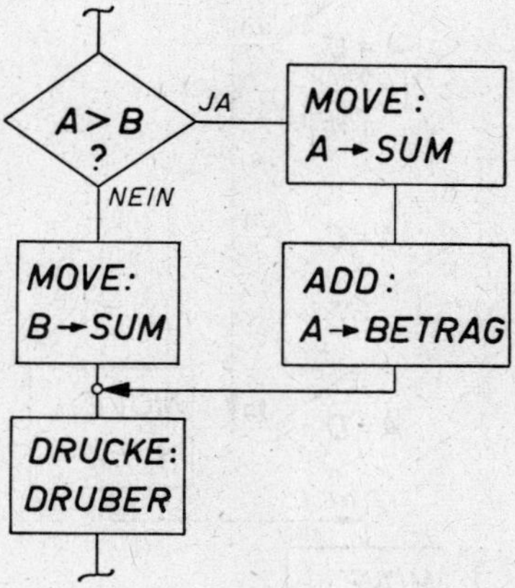

Lösung:

IF A>B MOVE A TO SUM ADD A TO BETRAG ELSE MOVE B TO SUM.
WRITE DRUBER.

A.6.9 Folgender Ablauf ist zu kodieren:

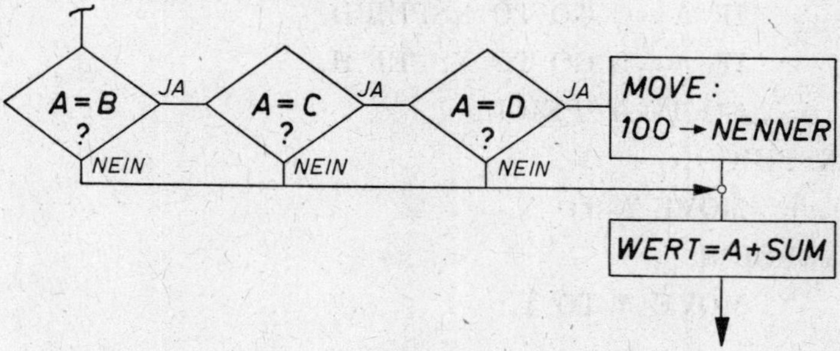

1. Lösung:

```
    IF A NOT = B GO TO RECHNEN.
    IF A NOT = C GO TO RECHNEN.
    IF A NOT = D GO TO RECHNEN.
    MOVE 1ØØ TO NENNER.
RECHNEN.
    COMPUTE WERT = A + SUM.
```

2. Lösung (kürzer und eleganter):

```
    IF A = B AND A = C AND A = D MOVE 1ØØ TO
                                       NENNER.
    COMPUTE WERT = A + SUM.
```

A.6.10 Folgender Ablauf ist zu kodieren:

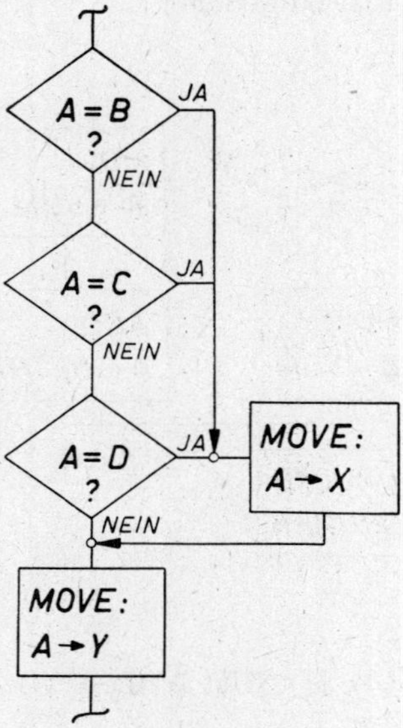

1. Lösung:

```
    IF A=B GO TO XSPEICH.
    IF A=C GO TO XSPEICH.
    IF A=D GO TO XSPEICH.
    GO TO YSPEICH.
XSPEICH.
    MOVE A TO X.
YSPEICH.
    MOVE A TO Y.
```

2. Lösung:

```
    IF A = B OR A = C OR A = D MOVE A TO X.
    MOVE A TO Y.
```

ÜBUNGEN

A.6.05 Drücke durch COBOL-Befehle folgenden Sachverhalt aus:

Wenn der WERT negativ ist *oder* zwischen 1Ø und 2Ø liegt, wird das Feld WERT gelöscht.

A.6.06 Drücke durch COBOL-Befehle aus:

Wenn im Feld KA ein anderes Zeichen als 1 *oder* 2 steht, soll das Wort 'FEHLER' in das Feld NACHRICHT übertragen werden.

A.6.07 Kodiere folgenden Ablauf:

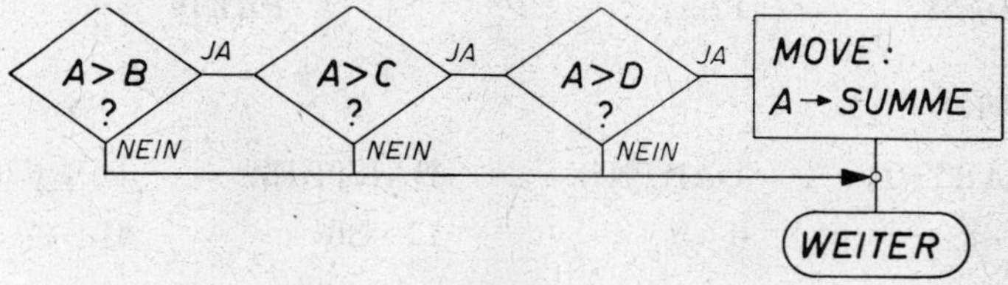

A.6.08 Kodiere folgenden Ablauf:

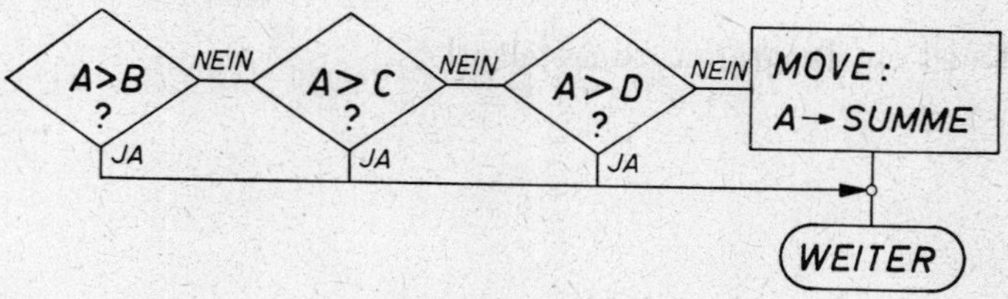

A.6.09 Drücke in Worten möglichst einfach aus:

```
        IF A > Ø GO TO RECHNEN ELSE GO TO
                                  SCHREIBEN.
RECHNEN.
        IF A < 1Ø GO TO DRUCKEN ELSE GO TO
                                  SCHREIBEN.
```

A.6.10 Drücke in Worten möglichst einfach aus:

```
IF A > Ø MOVE A TO B ELSE MOVE B TO A.
IF B > Ø MOVE B TO A ELSE MOVE A TO B.
```

A.6.11 Einführungswoche mit herabgesetzten Preisen

Ein Warenhaus will eine Einführungswoche für bestimmte Artikelgruppen bestimmter Abteilungen starten. Zu diesem Zweck wird eine Liste benötigt, in der diese Artikel aufscheinen, falls sie eine Höchstpreisgrenze von S 50,— nicht überschreiten.

Es liegen Karten mit folgender Datenfeldeinteilung vor:

Spalte	*Feldinhalt*	*Feldname*
1—2	Abteilungsnummer	ABTNR
6—8	Artikelnummer	ARTNR
12—36	Artikelbezeichnung	ARTBEZ
4Ø—42	Menge	MENGE
46—51	Preis	PREIS

Liste:

DABTNR	DARTNR	DARTBEZ	DPREIS
1—2	6—8	12—36	41—47

Von dieser Einführungswoche sind nur die Abteilungen 1 bis 5 und 16 bis 23 und die Artikelgruppen 001 bis 400 betroffen.

Es ist ein Programm zu erstellen!

A.7. DIE MASCHINEN- UND DATENBESCHREIBUNG

Die bisherigen Erklärungen und Beispiele haben sich auf den Verarbeitungsteil (PROCEDURE DIVISION) bezogen.

Anhand eines Beispiels soll nun ein *vollständiges* COBOL-Programm besprochen werden. Als Muster dient uns das vollständige Beispiel A.6.1:

```
IDENTIFICATION DIVISION.
PROGRAM-ID. BEIA61.
ENVIRONMENT DIVISION.
INPUT-OUTPUT SECTION.
FILE-CONTROL.
    SELECT KARTE ASSIGN TO
        SYS008-UR-2501-S.
    SELECT LISTE ASSIGN TO
        SYS007-UR-1403-S.
DATA DIVISION.
FILE SECTION.
FD  KARTE
    RECORDING F
    LABEL RECORD OMITTED
    DATA RECORD EBER.
01  EBER.
    02 A PICTURE 99999.
    02 B PICTURE 99999.
FD  LISTE
    RECORDING F
    LABEL RECORD OMITTED
    DATA RECORD DBER.
01  DBER.
    02 A-DRUCK PICTURE 9(5).
    02  FILLER        PICTURE X(5).
    02 B-DRUCK PICTURE 9(5).
    02  FILLER        PICTURE X(5).
    02 A-PLUS-B PICTURE 9(6).
    02  FILLER        PICTURE X(5).
    02 A-MAL-B PICTURE 9(10).
```

```
PROCEDURE DIVISION.
          OPEN INPUT KARTE OUTPUT LISTE.
LESEN.
          READ KARTE AT END GO TO ENDE.
          MOVE SPACES TO DBER.
          MOVE A TO A-DRUCK.
          MOVE B TO B-DRUCK.
          COMPUTE A-PLUS-B = A + B.
          COMPUTE A-MAL-B = A * B.
          WRITE DBER.
          GO TO LESEN.
ENDE.
          CLOSE KARTE LISTE STOP RUN.
```

Wir erkennen in diesem Beispiel die Gliederung in die 4 DIVISIONS und erklären nun die Bedeutung der einzelnen Anweisungen:

1. IDENTIFICATION DIVISION

Die einfachste Form dieses Teiles enthält nur zwei Karten von folgendem Aussehen:

IDENTIFICATION DIVISION.
PROGRAM-ID. Programmname.

Der Programmname dient der Identifikation des Programms. Er muß den Regeln über frei wählbare COBOL-Worte genügen.

Der Programmname kann also aus bis zu 30 Zeichen bestehen, wobei Buchstaben, Ziffern und im Inneren des Namens auch der Bindestrich erlaubt sind. Es ist auch erlaubt, daß der Programmname nur aus Ziffern besteht. In diesem Fall wird jedoch vom System die erste Ziffer in einen Buchstaben konvertiert.

Steht an der zweiten bis achten Stelle des Programmnamens ein Bindestrich, so wird auch der in eine Null konvertiert.

Beide Karten müssen am A-Rand beginnen. Man beachte, daß die Punkte unbedingt gesetzt werden müssen.

2. ENVIRONMENT DIVISION

Die ENVIRONMENT DIVISION enthält alle Informationen, die sich auf die Maschinenkonfiguration beziehen. Hier wird angegeben, auf welchem Computertyp das COBOL-Programm laufen soll. In der einfachsten Form besteht sie aus folgenden Zeilen:

```
ENVIRONMENT DIVISION.
INPUT-OUTPUT SECTION.
FILE-CONTROL.
         SELECT KARTE ASSIGN TO ......
         SELECT LISTE ASSIGN TO ......
......
```

Die letzten beiden Karten, die sogenannten SELECT-Karten im FILE-CONTROL-Paragraph, sind von Maschinentyp zu Maschinentyp etwas anders gestaltet. Hier werden den Datenbeständen willkürlich gewählte Namen zugewiesen. In unserem Beispiel wird der Eingabebestand **KARTE** und der Ausgabedatenbestand **LISTE** genannt.

Es wird festgesetzt, durch welche Maschineneinheiten die Datenbestände eingelesen und ausgegeben werden. In unserem Beispiel ist das Eingabegerät ein IBM 2501-Leser und das Ausgabegerät ein IBM 1403-Drucker. In jedem Computersystem sind den Ein- bzw. Ausgabegeräten noch gewisse Systemnummern zugeordnet. Diese Nummern werden bei der Installation des Computers willkürlich vergeben. In unserem Beispiel sind es die Nummern SYSØØ8 und SYSØØ7. Wenn man ein COBOL-Programm für eine bestimmte Computeranlage schreibt, so sollte man immer den jeweiligen Aufbau der SELECT-Karten erfragen bzw. aus dem zugehörigen COBOL-Manual der Herstellerfirma entnehmen.

3. DATA DIVISION

In der DATA DIVISION werden die Daten, die vom Computer eingelesen werden und die den Computer verlassen, ihrer Struktur nach beschrieben. Außerdem werden alle benötigten Zwischenspeicher und Arbeitsspeicher definiert. Das Beschreiben der Ein- und Ausgabebereiche geschieht in einer Unterabteilung der DATA DIVISION, der sogenannten **FILE SECTION.**

Die Bedeutung der einzelnen Zeilen von Beispiel A.6.1 sei nun der Reihe nach besprochen:

FD KARTE

FD ist die Abkürzung für **f**ile **d**escription (Beschreibung des Datenbestandes).

FD muß am A-Rand beginnen, daneben (am B-Rand) steht der Name des zu beschreibenden Datenbestandes. Man beachte, daß dieser Name der gleiche sein muß wie in der entsprechenden SELECT-Karte.

RECORDING F

F ist die Abkürzung für fixed (fest). Diese Eintragung besagt, daß alle Datensätze eine feste Länge haben.

LABEL RECORD OMITTED (Kennsätze sind weggelassen)

Diese Eintragung ist bei Eingabe mit Lochkarten und bei Ausgabe durch den Drucker leider notwendig, aber nicht sehr verständlich. Sie bezieht sich auf die Tatsache, daß Datenbestände immer dann durch sogenannte Kennsätze geschützt werden können, wenn diese auf Band oder Platte gespeichert sind. Weil bei Kartenbeständen ein solcher Schutz nicht vorhanden ist, muß diese Eintragung gemacht werden.

DATA RECORD EBER

In dieser Eintragung ist das Wort EBER willkürlich gewählt. Es steht als Abkürzung für Eingabebereich.

Diese Eintragung bewirkt, daß im Hauptspeicher ein Eingabebereich mit dem Namen EBER reserviert wird. Bei jedem Lesebefehl des Datenbestandes KARTE (READ KARTE) wird der nächste Satz im Bereich EBER gespeichert. Man beachte, daß die bisher besprochenen Anweisungen der FILE-SECTION mit Ausnahme der letzten nicht mit einem Punkt abgeschlossen wurden.

Die FD-Karte muß am A-Rand beginnen.

In unserem Beispiel wurde für den Beginn der weiteren Karten der B-Rand gewählt, doch könnte man auch vom freien Format Gebrauch machen und mehrere Anweisungen in eine Karte lochen.

Dies ergäbe etwa folgendes Aussehen:

```
FD    KARTE, RECORDING F, LABEL RECORD OMITTED
      DATA RECORD EBER.
```

Mit den nachfolgenden Anweisungen wird der Lesebereich näher beschrieben.

```
Ø1    EBER.
      Ø2 A PICTURE 99999.
      Ø2 B PICTURE 99999.
```

Diese Eintragungen bedeuten, daß der Einlesebereich EBER aus 2 Feldern mit den Namen **A** und **B** besteht. Vor den Namen EBER, A und B finden wir die zweistelligen Zahlen Ø1, Ø2, Ø2. Dies sind die sogenannten *Stufennummern*, durch die die Unterteilung von Bereichen in Teilfelder geregelt wird. Die nebenstehenden **PICTURE-Eintragungen** bestimmen schließlich die Länge und mit gewissen Ergänzungen auch die Art der Feldinhalte.

Stufennummern und PICTURE-Eintragungen werden anschließend genau besprochen.

Vorerst sehen wir uns noch rasch die restlichen Anweisungen von Beispiel A.6.1 an:

```
FD  LISTE
    RECORDING F
    LABEL RECORD OMITTED
    DATA RECORD DBER.
Ø1  DBER.
    Ø2 A-DRUCK PICTURE 9(5).
    Ø2  FILLER      PICTURE X(5).
    Ø2 B-DRUCK PICTURE 9(5).
    Ø2  FILLER      PICTURE X(5).
    Ø2 A-PLUS-B PICTURE 9(6).
    Ø2  FILLER      PICTURE X(5).
    Ø2 A-MAL-B PICTURE 9(1Ø).
```

Wir erkennen:

Der Ausgabedatenbestand ‘LISTE‘ wird völlig analog dem Eingabebestand beschrieben:

Der Ausgabebereich wurde DBER genannt. Dieser Bereich ist in Felder unterteilt, die folgende Namen erhielten:

A-DRUCK B-DRUCK A-PLUS-B A-MAL-B

Zwischen diesen Feldern befinden sich Zwischenräume, die immer durch das reservierte COBOL-Wort FILLER angedeutet werden. Durch die PICTURE-Eintragung wird die Länge des Zwischenraumes bestimmt.

Damit wurde der gesamte Aufbau eines einfachen COBOL-Programms besprochen.

Grundsätzlich kann gesagt werden:

Jeder Ein- oder Ausgabedatenbestand muß durch eine SELECT-Karte benannt und in der FILE-SECTION beschrieben werden.

Zum vollen Verständnis müssen jetzt noch die Stufennummern und die PICTURE-Eintragungen erklärt werden.

A.7.1. Stufennummern

Durch die *Stufennummern* wird eine Rangordnung der Datenfelder vorgenommen.

Die Stufennummer Ø1 spezifiziert einen Bereich, der z. B. einen ganzen Satz aufnimmt. Dieser Bereich ist in Felder unterteilt, die durch die Stufennummer Ø2 gekennzeichnet werden. Man könnte sich nun vorstellen, daß ein Feld in weitere Unterfelder geteilt wird. Diese Unterfelder erhalten dann die Stufennummer Ø3.

Alle noch weiter unterteilten Bereiche bzw. Felder nennt man *Datengruppen* oder auch *Strukturen*. Eine Datengruppe wird durch ihre weitere Unterteilung *strukturiert*.

BEISPIEL

```
Ø1 SATZ.
   Ø2 DATUM.
      Ø3 TAG PICTURE 99.
      Ø3 MONAT PICTURE 99.
      Ø3 JAHR PICTURE 99.
   Ø2 ORT.
   ......
```

Man könnte diese Unterteilung noch weiter treiben. Jede höhere Stufennummer zeigt eine weitere Unterteilung an. Es sind für Feldunterteilungen die Stufennummern Ø1 bis 49 erlaubt.

Für das Kodieren ist zu beachten:

Die Stufennummer Ø1 muß am A-Rand beginnen! Die Nummern Ø2 bis 49 können am A- oder B-Rand beginnen!

Man rückt daher — schon aus Gründen der Übersichtlichkeit — jede weitere Stufennummer um je vier Stellen weiter nach rechts. Man könnte jedoch alle weiteren Stufennummern am B-Rand beginnen lassen.

BEISPIEL

```
Ø1  LESEBER.
    Ø2  NAME.
        Ø3  VORNAME PICTURE X(2Ø).
        Ø3  ZUNAME PICTURE X(2Ø).
    Ø2  ADRESSE.
        Ø3  ORT.
            Ø4  POSTLEIT PICTURE 9(4).
            Ø4  ORTSNAME PICTURE X(15).
        Ø3  STRASSE PICTURE X(25).
```

oder gleichbedeutend wäre:

```
Ø1  LESEBER.
    Ø2  NAME.
    Ø3  VORNAME PICTURE X(2Ø).
    Ø3  ZUNAME PICTURE X(2Ø).
    Ø2  ADRESSE.
    Ø3  ORT.
    Ø4  POSTLEIT PICTURE 9(4).
    Ø4  ORTSNAME PICTURE X(15).
    Ø3  STRASSE PICTURE X(25).
```

In diesem Beispiel ist der Lesebereich (LESEBER) in 2 Felder NAME und ADRESSE geteilt. Beide Felder sind in je zwei weitere Unterfelder VORNAME, ZUNAME und ORT, STRASSE geteilt. Letztlich ist das Feld ORT abermals in 2 Felder POSTLEIT und ORTSNAME zerlegt.

Es wird häufig vorkommen, daß man in einem Programm nicht nur Ein- und Ausgabebereiche, sondern weitere nicht mehr unterteilte Zwischenspeicher und Rechenfelder benötigt. Diese werden im Anschluß an die FILE SECTION, in der sogenannten WORKING-STORAGE SECTION, unter der Stufennummer 77 definiert.

Die Zahl 77 ist für die COBOL-Programmierung fest vorgeschrieben. Es gibt keine nähere Begründung dafür. Selbstverständlich dürfen unterteilbare Bereiche, die nicht der Ein- oder Ausgabe dienen, ebenfalls in der WORKING-STORAGE SECTION unter Verwendung der Stufennummern Ø1 bis 49 definiert werden. Diese Eintragungen dürfen aber erst n a c h den Definitionen mit der Stufennummer 77 durchgeführt werden.

Die Stufennummer 77 muß am A-Rand beginnen!

Es gibt schließlich noch die Stufennummer 88 für die Definition von sogenannten Bedingungsnamen. Dies wird in Kapitel B.7.6. besprochen werden.

A.7.2. PICTURE-Eintragung

> Jedes Feld, das nicht mehr weiter unterteilt wird, muß im allgemeinen durch eine PICTURE-*Eintragung* genauer definiert werden.

Man schreibt neben dem Feldnamen das Wort PICTURE mit einer Reihe von weiteren Zeichen.
Es ist jedoch auch erlaubt, das Wort PICTURE durch PIC abzukürzen.

A.7.2.1. Die Symbole X, A, 9, V und S

Am häufigsten werden für die PICTURE-Eintragung folgende Symbole verwendet:

1. Das Symbol X

Eine Reihe von nebeneinanderstehenden X bezeichnet ein Feld, in das beliebige Zeichen, Zahlen oder Buchstaben gespeichert werden können;

z. B.:	XXX	3stelliges alphanumerisches Feld
	XXXXX	5stelliges alphanumerisches Feld

2. Das Symbol A

Eine Reihe von nebeneinanderstehenden A bezeichnet ein Feld, in das *nur* Buchstaben gespeichert werden können;

z. B.:	AAA	3stelliges alphabetisches Feld
	AAAAA	5stelliges alphabetisches Feld

3. Das Symbol 9

Eine Reihe von nebeneinanderstehenden Neunern bezeichnet ein Feld, in das nur Zahlen gespeichert werden dürfen;

z. B.:	999	3stelliges numerisches Feld
	99999	5stelliges numerisches Feld

Um das oftmalige Nebeneinanderschreiben dieser Symbole zu vermeiden, kann man auch die Stellenanzahl des Feldes in eine Klammer neben das entsprechende Symbol setzen;

z. B.:	99999	ist gleichbedeutend mit 9(5)
	XXXXXX	ist gleichbedeutend mit X(6)

Beachte:

> Rechenfelder müssen immer als numerische Felder mit dem Symbol 9 definiert werden.

4. Das Symbol V

Soll in einem Feld eine Dezimalzahl gespeichert werden, so wird die Stelle des Dezimalpunktes in der PICTURE-Eintragung durch das Symbol V angedeutet. Für das Symbol V wird jedoch kein Speicherplatz reserviert!

BEISPIELE

SUMME PICTURE 9999V99.

Es wird ein 6stelliges numerisches Feld mit dem Namen SUMME reserviert.

BETRAG PICTURE 9(1Ø)V9(7).

Es wird ein 17stelliges numerisches Feld mit dem Namen BETRAG und mit 7 Dezimalstellen reserviert.

5. Das Symbol S

Sollen in ein Datenfeld nicht nur positive, sondern auch negative Zahlen gespeichert und als solche weiterverarbeitet werden, so muß der Buchstabe S den 9er-Gruppen vorangestellt werden.

Wird eine negative Zahl in ein Feld eingelesen, das nicht mit dem Symbol S beschrieben ist, so wird diese Zahl immer als positiv interpretiert!

BEISPIELE

SALDO PICTURE S999V99.

Es wird ein 5stelliges Feld namens SALDO reserviert. Der Feldinhalt kann auch negativ sein und hat zwei Dezimalstellen.

DIF PICTURE S9(12)V999.

Es wird ein 15stelliges Feld namens DIF reserviert: Ein negativer Feldinhalt ist möglich, die letzten drei Stellen sind Dezimalstellen.

REST PICTURE S9.

Ein 1stelliges Feld namens REST wird definiert. Die einstellige Zahl ist ganz und kann negativ sein.

Wenn Zahlen durch Lochkarten in den Computer eingelesen werden, so wird die Dezimalstelle bei der Feldeinteilung auf der Lochkarte nur gedacht und in keiner Weise markiert. Ein etwaiges negatives Vorzeichen jedoch wird durch eine 11er-Lochung über der letzten Stelle gekennzeichnet.

BEISPIEL

Eine Karte enthält, begonnen von Spalte 1, 6mal der Reihe nach die Lochungen 12345.

Die Karte wird in einen Lesebereich eingelesen, der wie folgt definiert ist:

```
Ø1  LESBER.
    Ø2  WERT1  PICTURE  999V99.
    Ø2  WERT2  PICTURE  99V999.
    Ø2  WERT3  PICTURE  9(5).
    Ø2  WERT4  PICTURE  9(4)V9.
    Ø2  WERT5  PICTURE  9999V9.
    Ø2  WERT6  PICTURE  S9(5).
```

Die eingelesenen Ziffern werden dann in den einzelnen Feldern wie folgt interpretiert:

in	WERT1	als	123,45
,,	WERT2	,,	12,345
,,	WERT3	,,	12345
,,	WERT4	,,	1234,5
,,	WERT5	,,	1234,5
,,	WERT6	,,	12345

Das Symbol S im Feld WERT6 kommt nur dann zur Wirkung, wenn eine negative Zahl eingelesen wird (11er-Lochung über der letzten Stelle).

A.7.2.2. Druckaufbereitung

Bei der Eingabe von Zahlen werden Dezimalstellen nur gedacht, aber nicht markiert.

Anders ist es bei der Ausgabe auf einer Liste. Man wünscht sich, daß der Dezimalpunkt geschrieben wird. Man möchte mitunter in die Ziffernfolge Beistriche oder Leerstellen einfügen, und vor allem sollen positive und negative Zahlen gekennzeichnet werden.

Diese Wünsche können leicht erfüllt werden, wenn die gespeicherten Zahlen in ein sogenanntes PICTURE-*Listwort* übertragen werden.

> Ein *Listwort* ist eine Zeichenfolge in der PICTURE-Eintragung, die aus den Symbolen
>
> 9, V, Z, Punkt, Beistrich, Null, B, CR, DB, ∗, +, −
>
> bestehen kann.

Die Zeichen 9 und V stehen in der gleichen Bedeutung wie bereits beschrieben. Die Bedeutung der weiteren Zeichen ist wie folgt:

[•] Ein Punkt wird als Dezimalpunkt interpretiert und ausgedruckt.

BEISPIEL

Ein 5stelliges Rechenfeld F1 und ein 6stelliges Druckfeld D1 werden wie folgt definiert:

F1 PICTURE 999V99.
D1 PICTURE 999.99.

Man beachte, daß F1 tatsächlich 5stellig ist, weil das Symbol V nur die Stellung des gedachten Dezimalpunktes andeutet.

Die Symbolfolge 999.99 ist jedoch ein Listwort, das 6 Stellen belegt. Durch den Befehl

MOVE F1 TO D1

werden die 5 Ziffern aus F1 so nach D1 gebracht, daß nur die durch die Symbole 9 reservierten Stellen belegt werden. *Der Punkt bleibt unangetastet!* Ist in F1 etwa die Ziffernfolge 12345 gespeichert, so wird nach dem Übertragen die Symbolfolge 123.45 ausgedruckt.

Z

Das Zeichen Z wird für die Unterdrückung der führenden Nullen geschrieben.

BEISPIELE

Es seien folgende Felder definiert:

F1 PICTURE 999V99.
D1 PICTURE ZZ9.99.

Der Befehl

MOVE F1 TO D1

überträgt die Ziffern aus F1 so nach D1, daß nur die durch die Symbole Z oder 9 reservierten Stellen belegt werden. Etwaige führende Nullen in der ersten oder zweiten Position werden aber wegen der Symbole Z durch Blank ersetzt. Eine Null an dritter Stelle bleibt bereits erhalten. Folgende Zahlenbeispiele sollen diesen Vorgang illustrieren:

Ziffernbelegung von F1	Ausdruck aus D1
Ø3456	34.56
ØØ256	2.56
ØØØ78	Ø.78
ØØØØ4	Ø.Ø4
4Ø123	4Ø1.23

Man beachte im letzten Beispiel, daß die Null nicht unterdrückt wird, da sie nicht „führend" ist, es steht ja vor der Null die Ziffer 4.

*****

Statt Z kann auch ein Stern eingetragen werden. Es werden in diesem Fall die führenden Nullen nicht durch Blank, sondern durch Sterne ersetzt.

,

Ein Komma bleibt im Listwort erhalten. Es wird nicht durch eine Ziffer ersetzt, sondern unverändert ausgedruckt.

BEISPIEL

Es seien folgende Felder definiert:

F1 PICTURE 9999V99.
D1 PICTURE 9,999.99.

Durch den Befehl

MOVE F1 TO D1

werden die Ziffern so übertragen, daß nach der ersten Ziffer ein Komma eingestreut wird. Aus der Ziffernfolge 123456 entsteht so das Druckbild: 1,234.56. Stehen im Listwort vor dem Komma nicht die Symbole 9, sondern Z, so wird im Falle von führenden Nullen auch das Komma unterdrückt!

BEISPIELE

F1 PICTURE 9999V99.
D1 PICTURE Z,ZZ9.99.

Ziffernbelegung von F1	Ausdruck aus D1
234567	2,345.67
ØØ4567	45.67
Ø56789	567.89

Ø

B

Für Ø bzw. B gelten die gleichen Formalregeln wie für das Komma. Durch das Symbol Ø (Null) wird an der entsprechenden Stelle Null eingestreut, durch B wird eine Leerstelle (Blank) eingestreut.

BEISPIELE

F1 PICTURE 9999999V99.
D1 PICTURE ZBZZZBZZ9.99.

Ziffernbelegung von F1	Ausdruck aus D1
123456789	1 234 567.89
Ø12345678	123 456.78
ØØØØØØØ78	Ø.78

+

−

In einem Listwort können an erster oder letzter Stelle auch ein —- oder +-Zeichen geschrieben werden. Das Pluszeichen zeigt an, daß das Vorzeichen im Druckbild entweder durch Plus oder Minus angezeigt wird, abhängig vom Vorzeichen des übertragenen Wertes, der in das Listwort gebracht wird.

Das Minuszeichen bedeutet, daß das Vorzeichen im Druckbild entweder durch eine Leerstelle oder ein Minus angezeigt wird.

BEISPIELE

Sendefeld		Empfangsfeld	
PICTURE	Wert	PICTURE	Druckbild
S99999V	−12345	−ZZZZ9.99	−12345.ØØ
S9(5)V	12345	−ZZZZ9.99	12345.ØØ

S99999	12345	ZZZZ9.99−	12345.ØØ
S9(5)	−12345	ZZZZ9.99−	12345.ØØ−
S9(5)	12345	+ZZZZZ.99	+12345.ØØ
S9(5)	−12345	+ZZZZZ.99	−12345.ØØ

Die Plus-und Minuszeichen können jedoch im Listwort auch in anderer Form, nämlich als sogenannte *gleitende Zeichen*, verwendet werden. In diesem Fall werden die Symbole 9 oder Z durch eine Kette von + oder — ersetzt. Wird eine Ziffernfolge in ein derartiges Listwort übertragen, so gleitet das Vorzeichen in der Art von links nach rechts, daß im Druckbild genau ein entsprechendes Zeichen links vor der höchsten gültigen Ziffer steht.

BEISPIELE

Sendefeld		Empfangsfeld	
PICTURE	Wert	PICTURE	Druckbild
S9(5)	Ø1234	−−−−−−−.99	1234.ØØ
S9(5)	−ØØØØ1	−−−−−−−.99	−1.ØØ
S9(5)	ØØ123	+++++++.99	+123.ØØ
S9(5)	ØØØØ1	−−−−−−−.99	1.ØØ
9(5)	ØØ123	+++++++.99	+123.ØØ
9(5)	ØØ123	−−−−−−−.99	123.ØØ

CR

DB

CR und DB werden Kredit- bzw. Debitzeichen genannt. Beide Zeichen dürfen nur ganz rechts in der Zeichenfolge einer PICTURE-Eintragung auftreten. Sie belegen zwei Zeichenstellen und erscheinen nur dann in den entsprechenden Positionen, wenn der Wert der übertragenen Zahl negativ ist. Wird ein positiver Wert (oder Null) übertragen, so wird CR bzw. DB gelöscht.

BLANK WHEN ZERO.

Eine spezielle Form eines Listwortes kann durch die zusätzliche Eintragung BLANK WHEN ZERO erreicht werden. Diese Eintragung wird dazu benutzt, Leerstellen in das angesprochene Listwort zu übertragen, wenn der Wert des Sendefeldes Null beträgt.

BEISPIEL

D1 PICTURE 99999 BLANK WHEN ZERO.

Wenn nach D1 Nullen übertragen werden, so stehen nach der Übertragung in D1 trotzdem Leerzeichen.

A.7.2.3. VALUE-Eintragung

Wir haben gesehen, daß durch die PICTURE-Eintragung die Länge und Art eines Feldes bestimmt wird. Es kann nun vorkommen, daß in einem gegebenen Feld vom Anfang des Programms an ein gewisser konstanter Wert bzw. Text gespeichert sein soll. Dies erreicht man durch die sogenannte VALUE-Eintragung.

Nach dem Wort VALUE wird immer durch ein Literal angegeben, welcher Wert in das gegebene Feld gespeichert werden soll.

BEISPIEL

77 FELD1 PICTURE X(9) VALUE 'LOHNABZUG'.

Selbstverständlich ist auch ein numerisches Literal in Verbindung mit VALUE möglich. Die figurativen Konstanten (SPACE, ZERO) zählen auch zu den Literalen und können daher ebenfalls mit der VALUE-Eintragung verwendet werden.

BEISPIELE

SUMME PICTURE 9(7) VALUE ZERO.	In SUMME werden Nullen gespeichert.
WERT PICTURE 999 VALUE 314.	In WERT wird 314 gespeichert.

Beachte jedoch:

Steht nach dem Wort PICTURE ein Listwort (s. Druckaufbereitung), so darf keine VALUE-Eintragung folgen.

Es gibt noch weitere Einschränkungen für die VALUE-Eintragung (bei OCCURS bzw. REDEFINES), die jedoch später genauer besprochen werden.

BEISPIELE

PICTURE 9(7) VALUE ZERO bedeutet, daß dieses 7stellige numerische Feld mit Nullen aufgefüllt wird.

PICTURE X(4) VALUE IS SPACES.

Dieses 4stellige alphanumerische Feld wird zu Beginn auf Blanks gelöscht (das Wörtchen IS kann, muß aber nicht nach VALUE geschrieben werden).

PICTURE A(5) VALUE 'JAHRE'.

In dieses 5stellige Feld ist das Wort JAHRE gespeichert.

PICTURE 9(6)V99 VALUE ØØ8826.69.

In dieses 8stellige Feld wird die Ziffernfolge ØØ882669 gespeichert, wobei der Dezimalpunkt zwischen den beiden Sechsern gedacht ist.

A.7.3. Strukturierte Programmierung

Mit den bisher gelernten COBOL-Befehlen können bereits anspruchsvolle Programme geschrieben werden. Damit stehen wir vor der zusätzlichen Aufgabe, vor dem Schreiben der einzelnen COBOL-Befehle, die Angabe in kleine kodierbare Einzelschritte zu zerlegen.

Diese rein logische Vorarbeit, die weitgehend von der verwendeten Programmiersprache unabhängig ist, wird Programmentwurf (Program-Design) genannt.

In den bisher durchgeführten Aufgaben und Übungsbeispielen hatten wir als einziges Hilfsmittel für den Programmentwurf das Blockdiagramm, das intuitiv aus der Aufgabenstellung entwickelt wurde. In Programmen, in denen viele Verzweigungen auftreten, führt diese intuitive Programmiermethode sehr rasch zu Blockdiagrammen, die einerseits Fehler enthalten und die wegen ihrer verwirrenden Gestalt ein systematisches Verbessern bzw. Erweitern nicht mehr zulassen.

Es wurden daher eine Reihe von Ordnungsprinzipien und Regeln ausgearbeitet, die vor allem beim Entwurf von komplizierten Programmen helfen und die unter dem Schlagwort „Strukturiertes Programmieren" zusammengefaßt sind.

Die drei Strukturelemente

Ausgangspunkt der modernen Programmentwurfstechnik war die Erkenntnis, daß das unkontrollierte Verwenden des GO TO-Befehls bei größeren Programmen einen derartigen logischen Wirrwarr erzeugt, daß die Fehlersuche und die weitere Pflege des Programmes (damit sind eventuelle Änderungen gemeint) äußerst erschwert wird. Das Programm besitzt eben keine „Struktur", das heißt, keine innere logische Ordnung.

Mit dieser Erkenntnis war der Weg frei für die Forderung, den unkontrollierten GO TO-Befehl zu vermeiden und sich bei allen Programmen nur auf die folgenden drei Strukturelemente zu beschränken:

1. FOLGE oder SEQUENZ

   Man versteht darunter die simple Aufeinanderfolge von Befehlen, ohne jegliche Verzweigung, die im Blockdiagramm durch die Aufeinanderfolge von Kästchen angedeutet ist.

Blockdiagramm:

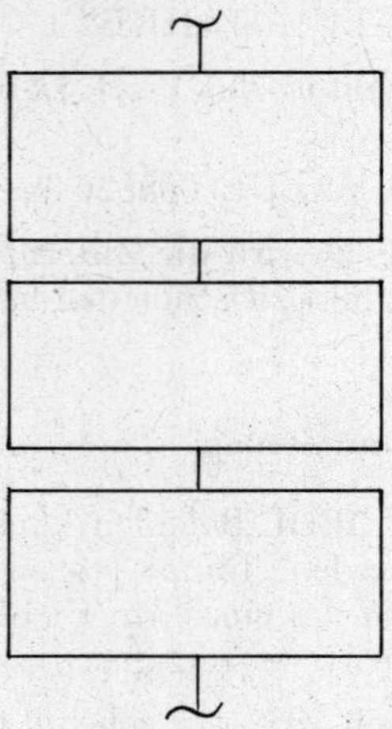

2. AUSWAHL oder SELEKTION

Dieses Strukturelement wird in COBOL durch den Befehl IF ... THEN ... ELSE ... kodiert. Wesentlich ist dabei, daß auf Grund einer Bedingung (IF) entweder ein Programmteil 1 oder ein anderer Programmteil 2 durchgeführt wird und daß anschließend das Programm an einer *gemeinsamen* Stelle fortgeführt wird.

Blockdiagramm:

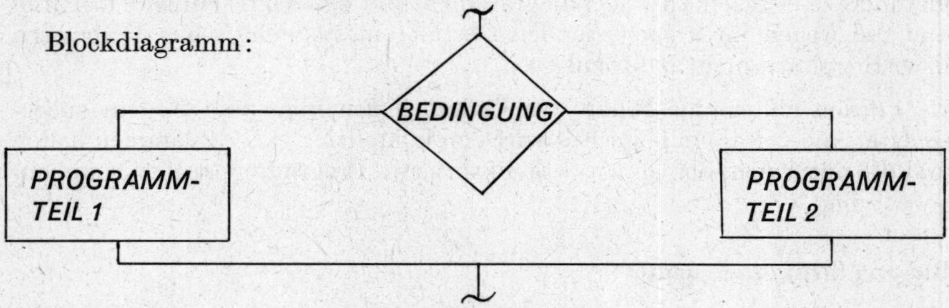

3. WIEDERHOLUNG oder ITERATION

Dieses Strukturelement, auch Programmschleife genannt, beinhaltet das oftmalige Durchlaufen einer Befehlsfolge, wobei die Anzahl der Durchläufe durch die Abfrage einer Bedingung geregelt ist. Die reine Theorie verlangt noch zusätzlich, daß die Bedingungsabfrage *vor* dem Durchlauf zu erfolgen hat.

Blockdiagramm:

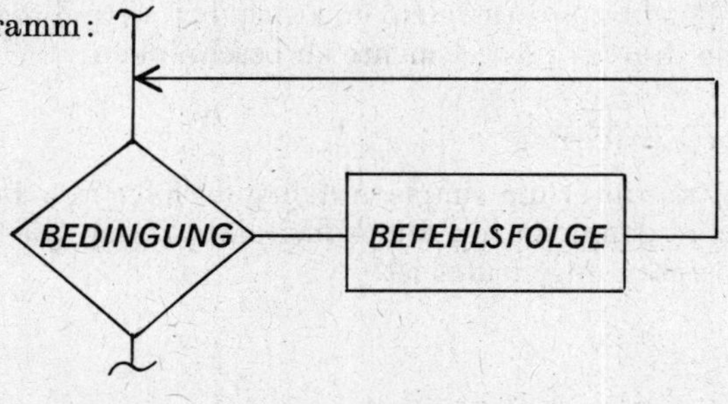

Die Bedingung wird deshalb am Anfang abgefragt, weil dadurch die Möglichkeit geschaffen ist, die Befehlsfolge überhaupt nicht durchzuführen, nämlich dann, wenn die Bedingung gleich zu Beginn nicht erfüllt ist.

Man erkennt im Blockdiagramm, daß nach der Durchführung der Befehlsfolge ein Rücksprung zur Bedingungsabfrage erfolgt. Dies kann natürlich mit einem GO TO-Befehl programmiert werden. Man spricht in diesem Zusammenhang von einem „kontrollierten Verwenden des GO TO".

In Kapitel A.10. werden wir einen Befehl kennenlernen, mit dem das Strukturelement der Iteration eleganter ohne den GO TO-Befehl kodiert werden kann.

Die Forderung nach einer GO TO-freien Programmierung richtet sich also nur nach einer Vermeidung der unkontrollierten Verwendung des GO TO.

Die Gründe, warum gerade diese drei Strukturelemente als Grundbausteine für jegliche Programme festgelegt werden, sind folgende:

1. Man konnte beweisen, daß tatsächlich jede Logik nur unter Zuhilfenahme dieser Grundstrukturen zusammengesetzt werden kann. Dabei ist es oftmals notwendig, daß Strukturelemente *geschachtelt* werden. Programmteile oder Befehlsfolgen innerhalb eines Strukturelements sind selbst wieder Strukturelemente.
2. Die drei Strukturelemente haben je nur einen einzigen Eingang (Beginn) und Ausgang (Ende). Da weitere GO TO-Befehle verboten sind, sind bei etwaigen auftretenden Fehlern jene Strukturelemente, die den Fehler verursachen, relativ leicht zu identifizieren.

Diese Eigenschaften der Strukturelemente haben dazu geführt, daß man neben dem Blockdiagramm noch andere graphische Darstellungen der Strukturelemente gesucht hat, die einerseits die Abfolge und das Schachteln der Strukturelemente klarer zeigen und andererseits die unkontrollierte Verwendung des GO TO gar nicht ermöglichen.

Diese Darstellungsarten sind die sogenannten *Struktogramme* (nach Nassi-Shneiderman):

1. FOLGE:

Im Gegensatz zum Blockdiagramm werden die einzelnen Blöcke ohne Verlauflinien unmittelbar untereinandergestellt.

2. AUSWAHL:

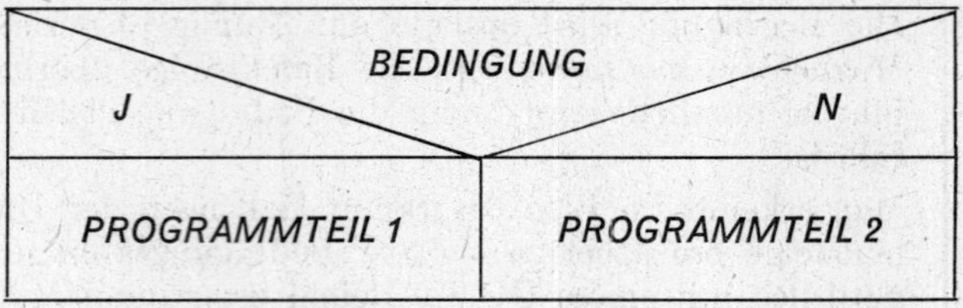

Der Block mit den Schrägstrichen enthält die Bedingung; darunter stehen rechts und links die beiden von der Bedingung abhängigen Programmteile.

3. WIEDERHOLUNG:

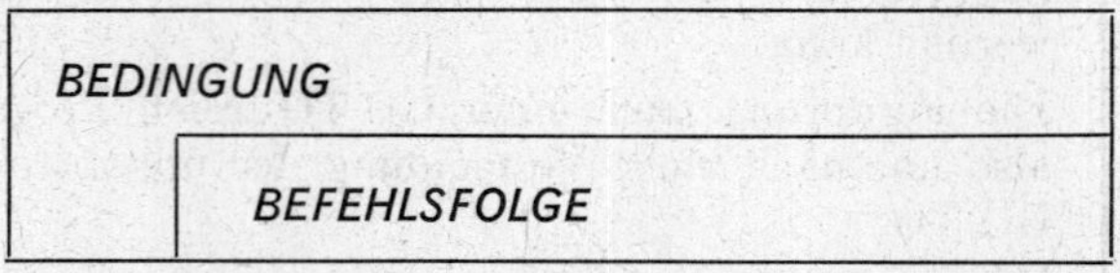

Der schmale Rand enthält die Bedingung; im Hauptfeld ist die Befehlsfolge (die selbst wieder aus Strukturelementen zusammengesetzt sein kann) untergebracht.

Die richtige Verwendung der Strukturelemente (Der Top-Down-Entwurf von Programmen)

Neben den bisher erwähnten Vorteilen gestatten die drei Strukturelemente auch eine bessere und tiefschürfende Analyse der logischen Struktur einer gestellten Aufgabe. Diese Denkweise ist unter dem Schlagwort Top-Down-Entwurf bekannt.

Man übergeht zunächst Einzelheiten und beschreibt grob die Gesamtfunktion des zu erstellenden Programms (Top). Erst dann geht man schrittweise *tiefer* (down). Das Erarbeiten von Einzelheiten, die schließlich zu den einzelnen Programmbefehlen führen, wird also zunächst zurückgestellt.

Im Gegensatz dazu steht die früher geübte Programmiermethode des Bottom-up. Man versteht darunter jene Entwicklung eines Blockdiagrammes, bei der man versucht, eine Folge von einzelnen Grundbefehlen (bottom) zu einem höherstehenden logischen Netz (up) zu entwickeln.

Ehe der moderne Top-Down-Entwurf an einem anspruchsvolleren Beispiel erklärt wird, soll der Grundgedanke an unserem allerersten Demonstrationsbeispiel (Beispiel A.6.1. — Abb. 2, Seite 12, 13) vorgestellt werden:

Es werden pro Lochkarte zwei Zahlen A und B eingelesen. Diese Werte sowie ihre Summe und ihr Produkt werden ausgedruckt. Für jede eingelesene Karte wird je eine Zeile gedruckt.

Beim Top-Down-Entwurf interessiert man sich zunächst nicht für die spezielle Verarbeitung jeder Karte.

Wir fragen uns vielmehr: „Wie wirkt das Programm auf die Umwelt? Welche Hauptfunktion hat es zu erfüllen?“ Die richtige Antwort darauf ist: „Das Programm hat Karten einzulesen und irgendwie zu verarbeiten. Und dies solange Karten zur Verfügung stehen.“ Damit ist die Top-Struktur des Programms bereits festgelegt:

Es wird eine Karte gelesen, und solange als das Ende des Kartenstapels nicht erreicht ist, wird jede Karte verarbeitet und anschließend wieder eine neue Karte gelesen.

Im Struktogramm wird das wie folgt gezeichnet:

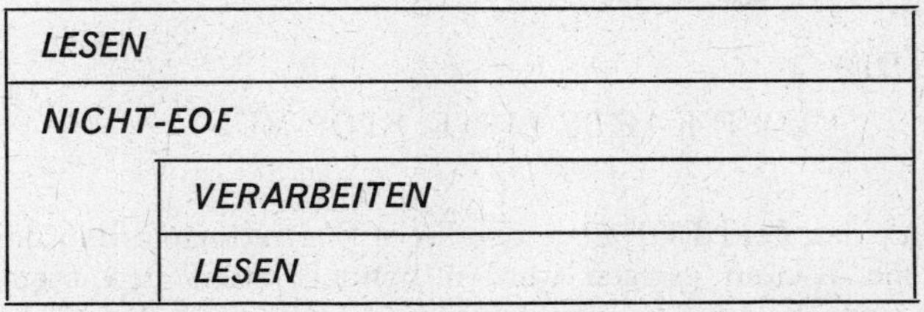

Hier bedeutet das Symbol NICHT-EOF die Abfrage, ob das Ende des Datenbestandes noch nicht erreicht ist. (EOF = **E**nd **O**f **F**ile = Ende des Datenbestandes.)

Die nächst niederere (= down) Stufe unserer Analyse ist nun die Frage, welche spezielle Verarbeitung in dem Programm durchzuführen ist. Die in diesem Fall sehr einfache Antwort darauf ist im endgültigen Struktogramm abzulesen:

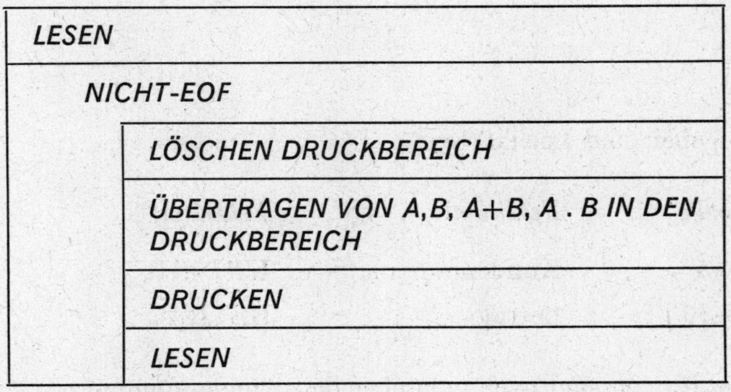

Die PROCEDURE DIVISION des entsprechenden COBOL-Programms könnte wie folgt aussehen:

```
PROCEDURE DIVISION.
        OPEN INPUT KARTE OUTPUT LISTE.
        MOVE SPACE TO EOF.
        READ KARTE AT END MOVE 'E' TO EOF.
```

```
ITER-1.
          IF EOF = 'E' GO TO ENDE.
          MOVE SPACES TO DBER.
          MOVE A TO A-DRUCK.
          MOVE B TO B-DRUCK.
          ADD A B GIVING A-PLUS-B.
          MULTIPLY A BY B GIVING A-MAL-B.
          WRITE DBER.
          READ KARTE AT END MOVE 'E' TO EOF.
          GO TO ITER-1.

ENDE.
          CLOSE KARTE LISTE. STOP RUN.
```

Hierbei muß das Feld EOF als einstelliges Charakterfeld definiert werden. Solange noch Karten gelesen werden können, steht in diesem Feld ein Blank. Ist jedoch der Datenbestand zu Ende, wird durch den READ-Befehl ein 'E' in das Feld EOF gebracht.

Der Paragraph ITER-1 ist daher ein Strukturelement Iteration mit der Abbruchsbedingung EOF = 'E'. Am Ende des Paragraphs ITER-1 kommt zwar ein GO TO-Befehl vor, jedoch ist dies im Sinne der strukturierten Programmierung erlaubt, da es unmittelbar zum Aufbau des Strukturelements gehört. Wir werden im Kapitel A.10. einen weiteren COBOL-Befehl kennenlernen, der es gestattet, die Iteration auch ohne GO TO zu kodieren.

BEISPIEL

A.7.1 Gegeben sind Lochkarten:

Spalte	*Feldinhalt*	*Feldname*
1—5	Kundennummer	KND-NR
6—1Ø	Betrag	BETRAG

Die Karten sind nach aufsteigenden Kundennummern sortiert.

Es können mehrere Karten mit der gleichen Kundennummer vorkommen.

Gesucht wird eine Liste:

Kundennummer (DKND-NR)	*Betrag* (BETRAG)
11—15	26—3Ø

Wenn die gleiche Kundennummer mehrmals in aufeinanderfolgenden Karten erscheint, so soll sie nur das *erste Mal* angeschrieben werden. Bei *Gruppenwechsel* (=Wechsel der Kundennummer) soll das Wort S U M M E (von Stelle 1Ø—18) und die Summe der Beträge der vorhergehenden Gruppe ausgedruckt werden.

Anleitung:

Wir stellen fest, daß die oberste Funktion des Programms das Lesen und Verarbeiten von Karten ist. Damit ist die Grundstruktur wie beim vorigen Beispiel festgelegt.

Wir fragen weiter, wie das Verarbeiten im Detail aussieht. Hier ist zu erkennen, daß nicht nur die Karten einzeln verarbeitet werden, sondern daß die Karten mit gleicher Kundennummer Gruppen bilden. Die Gruppenverarbeitung liegt im Sinne der Top-Down-Analyse höher als die Einzelverarbeitung und muß daher zuerst überlegt werden. Am Beginn einer jeden Gruppe wird die Kundennummer gedruckt, am Ende jeder Gruppe wird die Summe gebildet. Dazwischen liegen die (beliebig vielen) Einzelverarbeitungen. Man muß auch bedenken, daß am Beginn einer jeden Gruppe die Kundennummer in einem Zwischenspeicher (FELD) übertragen werden muß, damit man die nachfolgenden Kundennummern damit vergleichen und so einen Gruppenwechsel feststellen kann.

Wir nennen alle Aktivitäten, die zu Beginn einer Gruppe gemacht werden müssen, die VORBEREITUNG, alle Aktivitäten am Ende einer Gruppe die NACHBEREITUNG. Dazwischen liegen die EINZELVERARBEITUNGEN, die ihrerseits eine Iteration bilden, solange der Gruppenbegriff (Kundennummer) sich nicht ändert.

Aus dieser Überlegung ergibt sich folgende weitere Struktur:

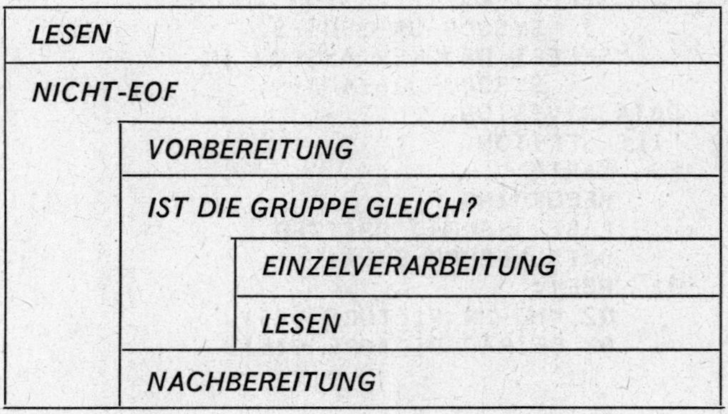

Überlegt man nun auf niederster Stufe die Einzelbefehle von VORBEREITUNG, NACHBEREITUNG und EINZELVERARBEITUNG, so erhält man endgültig folgendes Struktogramm:

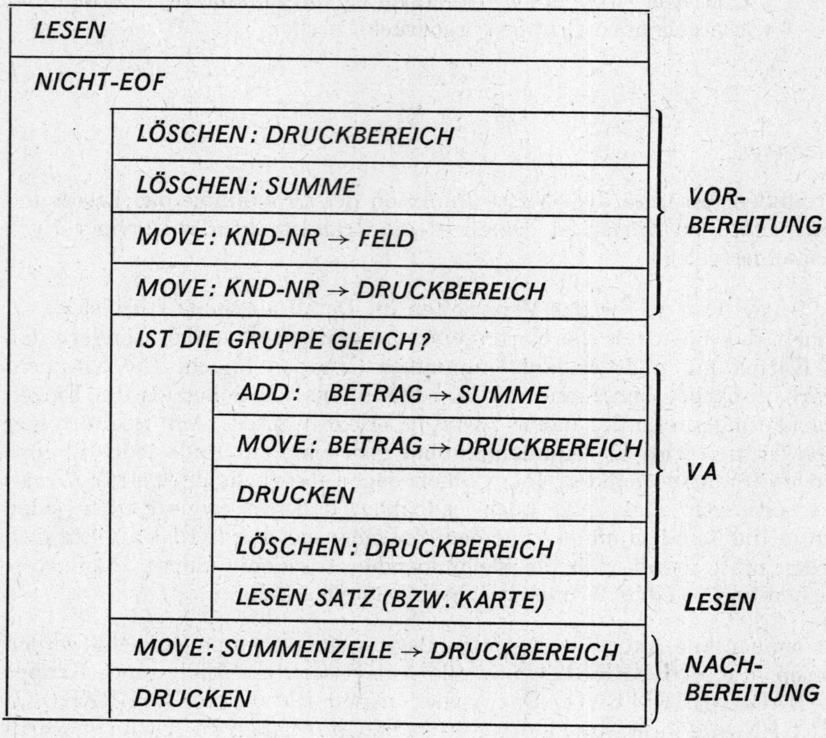

Kodierung:

```
IDENTIFICATION DIVISION.
PROGRAM-ID. BEIA71.
ENVIRONMENT DIVISION.
INPUT-OUTPUT SECTION.
FILE-CONTROL.
    SELECT KARTE ASSIGN TO
        SYS008-UR-3505-S.
    SELECT DRUCKER ASSIGN TO
        SYS007-UR-1403-S.
DATA DIVISION.
FILE SECTION.
FD  KARTE
    RECORDING F
    LABEL RECORD OMITTED
    DATA RECORD EBER.
01  EBER.
    02 KND-NR PICTURE 9(5).
    02 BETRAG PICTURE 9(5).
```

```
FD  DRUCKER
    LABEL RECORD OMITTED
    RECORDING F
    DATA RECORD DBER.
01  DBER.
    02 FILLER  PICTURE X(10).
    02 DKND-NR PICTURE 9(5).
    02 FILLER  PICTURE X(10).
    02 DBETRAG PICTURE 9(5).
WORKING-STORAGE SECTION.
77  FELD     PICTURE 9(5).
77  EOF      PICTURE X.
01  SUMMENZEILE.
    02 FILLER  PICTURE X(9) VALUE SPACES.
    02 TEXT      PICTURE X(9)
                     VALUE 'S U M M E'.
    02 FILLER  PICTURE X(4) VALUE SPACES.
    02 SUMME   PICTURE 9(8).
PROCEDURE DIVISION.
ANF.
    OPEN INPUT KARTE  OUTPUT DRUCKER.
    MOVE SPACE TO EOF.
    READ KARTE AT END MOVE 'E' TO EOF.
ITER-1.
    IF EOF = 'E' GO TO ENDE.
    MOVE SPACES TO DBER.
    MOVE ZERO   TO SUMME.
    MOVE KND-NR TO FELD.
    MOVE KND-NR TO DKND-NR.
ITER-2.
    IF KND-NR = FELD AND EOF = SPACE
        GO TO EINZEL-VA.
    MOVE SUMMENZEILE TO DBER.
    WRITE DBER.
    GO TO ITER-1.
EINZEL-VA.
    ADD BETRAG TO SUMME.
    MOVE BETRAG TO DBETRAG.
    WRITE DBER.
    MOVE SPACES TO DBER.
    READ KARTE AT END MOVE 'E' TO EOF.
    GO TO ITER-2.
ENDE.
    CLOSE KARTE  DRUCKER. STOP RUN.
```

Ein Musterausdruck des Programms:

```
 00023          00006
S U M M E    00000006
 00036          00007
                00008
S U M M E    00000015
 00056          00009
S U M M E    00000009
 00077          00023
                00004
S U M M E    00000027
```

BEISPIEL

A.7.2 Gegeben und gesucht ist das gleiche wie bei Beispiel A.7.1. In Abweichung davon soll die Summenzeile jedoch nur gedruckt werden, wenn mindestens 2 Karten mit gleicher Kundennummer aufscheinen. Sonst soll die 'Summenbildung' entfallen.

Wir lösen dieses Problem durch das Setzen eines internen *Schalters*.

Wir definieren in diesem Zusammenhang:

> Unter *Schalter* versteht man ein Feld, in das beim Durchlaufen eines bestimmten Programmzweiges ein gewisses Zeichen gesetzt wird.

In unserem Beispiel definieren wir ein 3stelliges Feld mit dem Namen SCHALTER, in das immer dann, wenn die Kundennummer einer neu eingelesenen Karte mit der im FELD zwischengespeicherten Kundennummer übereinstimmt, das Literal 'EIN' übertragen wird. Man sagt in diesem Fall, „*der Schalter wird eingeschaltet*". Bei Beginn einer neuen Gruppe wird 'AUS' nach SCHALTER übertragen. Man sagt, „*der Schalter wird ausgeschaltet*". Ferner wird nach der Abfrage auf Gruppenwechsel sofort auch gefragt, ob der Schalter ausgeschaltet ist. In diesem Fall wird das Ausdrucken der Summenzeile übersprungen.

Es handelt sich bei diesem Beispiel wieder um eine Gruppenverarbeitung, so daß die Struktur des vorigen Beispiels, in dem bei VORBEREITUNG, NACHBEREITUNG und EINZELVERARBEITUNG noch nicht weiter detailliert wurde, beibehalten werden kann. Durch die Abfrage des Schalters werden noch zusätzliche Strukturelemente vom Typ 'Auswahl' innerhalb der EINZELVERARBEITUNG und der NACHBEREITUNG gebraucht.

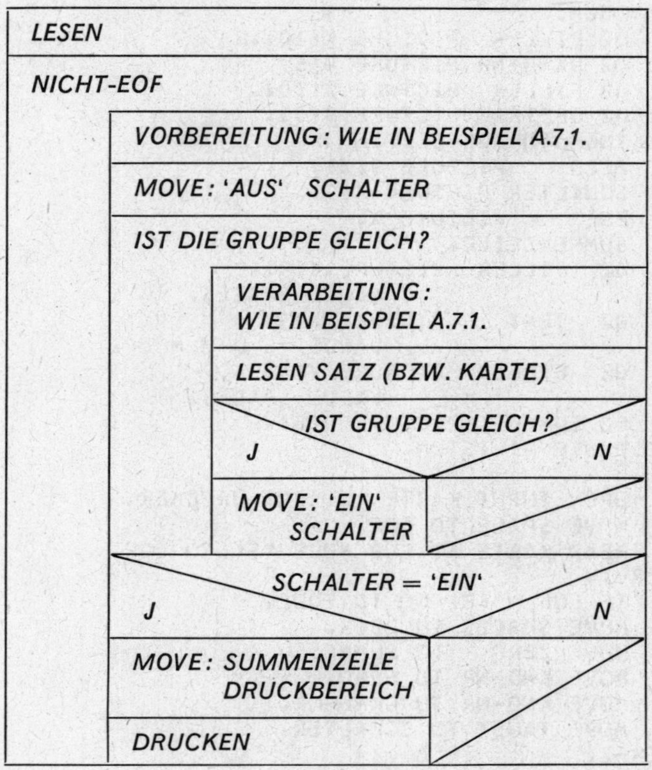

Kodierung:

```
IDENTIFICATION DIVISION.
PROGRAM-ID. BEIA72.
ENVIRONMENT DIVISION.
INPUT-OUTPUT SECTION.
FILE-CONTROL.
    SELECT KARTE ASSIGN TO
        SYS008-UR-3505-S.
    SELECT DRUCKER ASSIGN TO
        SYS007-UR-1403-S.
DATA DIVISION.
FILE SECTION.
FD  KARTE
    RECORDING F
    LABEL RECORD OMITTED
    DATA RECORD EBER.
01  EBER.
    02 KND-NR PICTURE 9(5).
    02 BETRAG PICTURE 9(5).
FD  DRUCKER
    LABEL RECORD OMITTED
    RECORDING F
    DATA RECORD DBER.
```

```
01  DBER.
    02 FILLER  PICTURE X(10).
    02 DKND-NR PICTURE 9(5).
    02 FILLER  PICTURE X(10).
    02 DBETRAG PICTURE 9(5).
WORKING-STORAGE SECTION.
77  FELD     PICTURE 9(5).
77  SCHALTER PICTURE X(3).
77  EOF      PICTURE X.
01  SUMMENZEILE.
    02  FILLER  PICTURE X(9)
                    VALUE SPACES.
    02  TEXT    PICTURE X(9)
                    VALUE 'S U M M E'.
    02  FILLER  PICTURE X(4)
                    VALUE SPACES.
    02 SUMME   PICTURE 9(8).
PROCEDURE DIVISION.
ANF.
    OPEN INPUT KARTE  OUTPUT DRUCKER.
    MOVE SPACE TO EOF.
    READ KARTE AT END MOVE 'E' TO EOF.
ITER-1.
    IF EOF = 'E' GO TO ENDE.
    MOVE SPACES TO DBER.
    MOVE ZERO   TO SUMME.
    MOVE KND-NR TO FELD.
    MOVE KND-NR TO DKND-NR.
    MOVE 'AUS' TO SCHALTER.
ITER-2.
    IF KND-NR = FELD AND EOF = SPACE
        GO TO EINZEL-VA.
    IF SCHALTER = 'EIN'
    MOVE SUMMENZEILE TO DBER.
    WRITE DBER.
    GO TO ITER-1.
EINZEL-VA.
    ADD BETRAG TO SUMME.
    MOVE BETRAG TO DBETRAG.
    WRITE DBER.
    MOVE SPACES TO DBER.
    READ KARTE AT END MOVE 'E' TO EOF.
    IF KND-NR = FELD AND EOF = SPACE
        MOVE 'EIN' TO SCHALTER.
    GO TO ITER-2.
ENDE.
    CLOSE KARTE  DRUCKER. STOP RUN.
```

Dieses Buch dient primär der Darstellung der COBOL-Sprachelemente und nicht sosehr dem strukturierten Programmentwurf.

Es wird daher bei weiteren Beispielen und Übungen auf eine strenge Strukturierung oftmals verzichtet, um die Kodierung möglichst kurz und direkt zu halten.

Der folgende Ausdruck ist ein Muster einer Liste, die von diesem Programm erzeugt wird:

```
 00023       00006
 00036       00007
             00008
S U M M E  00000015
 00056       00009
 00077       00023
             00004
S U M M E  00000027
```

A.7.3 *Quadratwurzelziehen*

In den Lochkarten ist der Radikand (5 ganze und 10 Dezimalstellen) enthalten.

Es ist mit Hilfe eines Näherungsverfahrens die Quadratwurzel zu rechnen und auf einer Liste der Radikand und die Wurzel auszugeben.

Karte:

Spalte	*Feldinhalt*	*Feldname*
1–15	Radikand	A

Listenbild:

Radikand (DA)	Wurzel (DX1)
1–16	21–36

Das Näherungsverfahren beruht auf folgender Formel:

$$X2 = \frac{X1 + A/X1}{2}$$

Dabei ist X1 ein beliebiger Näherungswert der Wurzel,
A der Radikand,
X2 ein verbesserter Näherungswert.

Als allerersten Näherungswert wählen wir den Radikanden selbst. Obige Näherungsformel wird in einer Schleife immer wieder durchlaufen, bis im Rahmen der gewünschten Rechengenauigkeit $X1 = X2$ ist.

Kodierung:

```
IDENTIFICATION DIVISION.
PROGRAM-ID. BEIA73.
ENVIRONMENT DIVISION.
INPUT-OUTPUT SECTION.
FILE-CONTROL.
    SELECT KARTE ASSIGN TO
        SYS008-UR-3505-S
    SELECT DRUCKER ASSIGN TO
        SYS007-UR-1403-S.
DATA DIVISION.
FILE SECTION.
FD  KARTE
    LABEL RECORD OMITTED
    RECORDING F
    DATA RECORD EBER.
01  EBER.
    02  A PICTURE 9(5)V9(10).
FD  DRUCKER
    LABEL RECORD OMITTED
    RECORDING F
    DATA RECORD DBER.
01  DBER.
    02  DA PICTURE ZZZZ9.9999999999.
    02  FILLER PICTURE XXXX.
    02  DX1 PICTURE ZZZZZ9.9(10).
WORKING-STORAGE SECTION.
77  X1 PICTURE 9(6)V9(10).
77  X2 PICTURE 9(6)V9(10).
PROCEDURE DIVISION.
    OPEN INPUT KARTE OUTPUT DRUCKER.
LESEN. READ KARTE AT END GO TO ENDE.
    MOVE A TO X1.
RECHNEN.
    COMPUTE X2 = (X1 + A / X1) / 2.
    IF X1 = X2 GO TO SCHREIBEN.
    MOVE X2 TO X1.
    GO TO RECHNEN.
SCHREIBEN.
    MOVE SPACES TO DBER.
    MOVE A TO DA.
    MOVE X1 TO DX1.
    WRITE DBER.
    GO TO LESEN.
ENDE. CLOSE KARTE DRUCKER STOP RUN.
```

Im folgenden Beispiel soll das 2. Format der WRITE-Anweisung (Anhang 3) behandelt werden.

Man muß in diesem Fall an der ersten Stelle des Druckbereichs eine alphanumerische Speicherstelle definieren, die jedoch beim Ausdrucken nicht angeschrieben wird.

BEISPIELE

```
.............
Ø1 DBER.
   Ø2 STEUERZEICHEN PICTURE X.
   Ø2 DRUCKBER.
      Ø3 ......
      Ø3 ......
.............
WRITE DBER AFTER ADVANCING 2.
.............
```

Es werden nur die Felder des DRUCKBER ausgegeben. Das Feld STEUERZEICHEN wird vom Programmierer selbst nicht angesprochen und auch nicht ausgedruckt. Es dient nur für eine maschineninterne Steuerautomatik.

Man beachte, daß beim Schreibbefehl das Wort ADVANCING auch weggelassen werden kann.

A.7.4 *Bestandskontrolle*

Gegeben sind Artikelbestandskarten mit folgendem Inhalt:

Spalte	*Feldinhalt*	*Feldname*
1—5	Artikelnummer	KARTNR
6—2Ø	Artikelbezeichnung	KARTBEZ
21—24	Menge	KMENGE
25—26	Mengeneinheit	KME
27—32	Einzelpreis	KEPREIS

Gesucht: Auf dem Drucker sollen alle Artikel herausgeschrieben werden, deren Lagerbestand 1500 Stück überschreitet.

Aus dieser Liste soll auch der Lagerwert dieser Artikelsorten ersichtlich sein. Als Überschrift soll das Wort BESTANDSKONTROLLE gedruckt werden. Danach eine Leerzeile. Nach dem Drucken der letzten Zeile soll auf ein neues Formularblatt vorgeschoben werden.

Listbild:

BESTANDSKONTROLLE

Artikelnr.	Artikelbez.	Menge	Einheit	Einzelpreis	Lagerwert
(DARTNR)	(DARTBEZ)	(DMENGE)	(DME)	(DPREIS)	(DGESPR)
1–5	9–23	27–30	32–33	37–44	48–60

Anleitung:

Das Wort ‘BESTANDSKONTROLLE‘ ist in einem Feld namens UEBER gespeichert.

Der Lagerwert wird durch Multiplikation von Menge mit Einzelpreis gerechnet. Das Produkt soll in einem Feld BETRAG zwischengespeichert werden.

Kodierung:

```
IDENTIFICATION DIVISION.
PROGRAM-ID. BEIA74.
ENVIRONMENT DIVISION.
INPUT-OUTPUT SECTION.
FILE-CONTROL.
    SELECT KARTE ASSIGN TO
        SYS008-UR-2501-S.
    SELECT DRUCKER ASSIGN TO
        SYS007-UR-1403-S.
DATA DIVISION.
FILE SECTION.
FD  KARTE
    RECORDING F
    LABEL RECORDS OMITTED
    DATA RECORD KBER.
01  KBER.
    02  KARTNR  PICTURE 9(5).
    02  KARTBEZ PICTURE X(15).
```

```
     02  KMENGE   PICTURE 9999.
     02  KME      PICTURE XX.
     02  KEPREIS PICTURE 9999V99.
     02  FILLER   PICTURE X(48).
FD  DRUCKER
    RECORDING F
    LABEL RECORDS OMITTED
    DATA RECORD DBER.
01  DBER.
     02  FILLER   PICTURE X(23).
     02  FELD     PICTURE X(17).
     02  FILLER   PICTURE X(21).
WORKING-STORAGE SECTION.
77  UEBER          PICTURE X(17),
                   VALUE 'BESTANDSKONTROLLE'.
77  BETRAG         PICTURE 9(8)V99.
01  ZEILE.
     02  FILLER PIC X.
     02  DARTNR   PIC ZZZZ9.
     02  FILLER   PIC XXX, VALUE SPACE.
     02  DARTBEZ PIC X(15).
     02  FILLER   PIC XXX, VALUE SPACE.
     02  DMENGE   PIC ZZZ9.
     02  FILLER   PIC X, VALUE SPACE.
     02  DME      PIC XX.
     02  FILLER   PIC XXX, VALUE SPACE.
     02  DPREIS   PIC ZBZZ9.99.
     02  FILLER   PIC XXX, VALUE SPACE.
     02  DGESPR   PIC ZZBZZZBZZ9.99.
PROCEDURE DIVISION.
    OPEN INPUT KARTE, OUTPUT DRUCKER.
    MOVE SPACE TO DBER.
    MOVE UEBER TO FELD.
    WRITE DBER AFTER 1.
    MOVE SPACE TO DBER.
    WRITE DBER AFTER 1.
ANF.
    READ KARTE AT END GO TO ENDE.
    IF KMENGE GREATER 1500 NEXT
        SENTENCE, ELSE GO TO ANF.
    MULTIPLY KMENGE BY KEPREIS
        GIVING BETRAG.
    MOVE KARTNR TO DARTNR.
```

```
        MOVE KARTBEZ TO DARTBEZ.
        MOVE KMENGE TO DMENGE.
        MOVE KME TO DME.
        MOVE KEPREIS TO DPREIS.
        MOVE BETRAG TO DGESPR.
        WRITE DBER FROM ZEILE AFTER 1.
        GO TO ANF.
    ENDE.
        CLOSE KARTE, DRUCKER, STOP RUN.
```

Soll vor oder nach dem Schreiben einer Zeile auf eine gewisse Lochung des Vorschublochbandes vorgeschoben werden, dann muß im SPECIAL-NAMES Paragraph ein *Merkname* für den Schreibbefehl definiert werden.

BEISPIEL

```
....................
ENVIRONMENT DIVISION.
CONFIGURATION SECTION.
SPECIAL-NAMES.
    C01 IS SEIT.
.........................
WRITE DBER AFTER ADVANCING SEIT.
....................
```

In diesem Beispiel wird dem willkürlich gewählten Merkwort SEIT durch den Funktionsnamen C01 die Lochung im Kanal 1 des Vorschublochbandes zugewiesen. Analog könnten durch C02, C03, ..., C12 alle zwölf Kanäle des Vorschublochbandes angesprochen werden.

Das folgende Beispiel zeigt eine Anwendung des SPECIAL-NAME Paragraph.

A.7.5 Gegeben sind beliebige Lochkarten. Die Karteninhalte sollen Zeile für Zeile gedruckt werden, wobei pro Formularseite 60 Karten gelistet werden und auf jedem neuen Blatt rechts oben das Wort SEITE und die Seitennummer stehen soll.

Anleitung:

Wir definieren ein Feld ZEILENZAEHLER, in das nach jedem Druckvorgang die Zahl 1 addiert wird. Durch Vergleich mit 60 wird das Drucken der 60. Karte erkannt und zum Druck der Seitennummer nach dem Vorschub auf ein neues Blatt (ADVANCING SEIT) verzweigt.

Kodierung:

```
IDENTIFICATION DIVISION.
PROGRAM-ID. BEIA75.
ENVIRONMENT DIVISION.
CONFIGURATION SECTION.
SPECIAL-NAMES.
    C01 IS SEIT.
INPUT-OUTPUT SECTION.
FILE-CONTROL.
    SELECT KARTE ASSIGN TO
        SYS008-UR-2501-S.
    SELECT DRUCKER ASSIGN TO
        SYS007-UR-1403-S.
DATA DIVISION.
FILE SECTION.
FD  KARTE
    RECORDING F
    LABEL RECORD OMITTED
    DATA RECORD EBER.
01  EBER  PICTURE X(80).
FD  DRUCKER
    RECORDING F
    LABEL RECORD OMITTED
    DATA RECORD DBER.
01  DBER.
    02  STEUER PICTURE X.
    02  BER.
        03 FILLER PICTURE X(71).
        03 SEITE  PICTURE X(7).
        03 NR     PICTURE Z9.
WORKING-STORAGE SECTION.
77  ZEILENZAEHLER PIC 99 VALUE ZERO.
77  SEIT-NR       PIC 99 VALUE ZERO.
PROCEDURE DIVISION.
    OPEN INPUT KARTE OUTPUT DRUCKER.
ANF.
    MOVE SPACE TO DBER.
    MOVE ZERO TO ZEILENZAEHLER.
    MOVE 'SEITE' TO SEITE.
    ADD 1 TO SEIT-NR.
```

```
          MOVE  SEIT-NR TO NR.
          WRITE DBER AFTER ADVANCING SEIT.
      ANFANG.
          READ KARTE AT END GO TO ENDE.
          MOVE SPACE TO DBER.
          MOVE EBER TO BER.
          WRITE DBER AFTER ADVANCING 1 LINES.
          ADD 1 TO ZEILENZAEHLER.
          IF ZEILENZAEHLER LESS 60
              GO TO ANFANG.
          GO TO ANF.
      ENDE.
          CLOSE KARTE DRUCKER. STOP RUN.
```

A.7.4. Übungen

A.7.01 Gegeben sind die gleichen Karten wie im Beispiel A.7.1. Gesucht ist eine Liste, die zwei Spalten aufweist:

LINKS	RECHTS
11—15	26—3Ø

Links sollen alle Kundennummern dann gedruckt werden, wenn der zugehörige Betrag in der Lochkarte kleiner als 1000 ist; rechts alle Kundennummern, wenn die zugehörigen Beträge größer oder gleich 1000 sind. Pro Karte wird eine Zeile gedruckt.

A.7.02 Diese Übung ist eine leichte Variante von Übung *A.7.01.* Karten und Listbild sind genau gleich, nur soll in jeder der beiden Spalten eine Kundennummer niemals wiederholt vorkommen. Wir denken die Karten nach Kundennummern aufsteigend sortiert. Sollte eine gewisse Kundennummer in einer der beiden Spalten schon gedruckt worden sein, so wird sie in der gleichen Spalte nicht noch einmal ausgegeben. Selbstverständlich kann es jedoch vorkommen, daß die gleiche Kundennummer sowohl in LINKS als auch in RECHTS aufscheint.

Anleitung:

Wir bedienen uns eines ähnlichen Prinzips wie das des *Schaltersetzens*. Eine einmal ausgegebene Kundennummer wird im Feld K-LINKS bzw. K-RECHTS zwischengespeichert und vor dem Ausgeben einer neuen Kundennummer mit dieser verglichen. Bei Gleichheit wird nicht gedruckt, sondern zum Lesen der nächsten Karte verzweigt.

A.7.03 Gegeben sind Karten wie im Beispiel A.7.1. Gesucht ist eine Liste mit folgender Bereichseinteilung:

Kundennummer (DKND)	Durchschnitt (DSUM)
1—5	16—25

Von allen Karten mit der gleichen Kundennummer wird der Durchschnitt (das arithmetische Mittel) aller Beträge errechnet und samt Kundennummer ausgedruckt.

Anleitung:

Am Anfang und immer dann, wenn eine neue Kundennummer erscheint, wird diese zwischengespeichert (SPEICH). Nach dem Einlesen einer neuen Karte wird die Kundennummer mit SPEICH verglichen. Solange kein Wechsel auftritt, werden die Beträge in SUM addiert und pro Karte der Zähler N um 1 erhöht. Bei Gruppenwechsel wird durch Division der Durchschnitt berechnet und ausgedruckt.

Man beachte, daß nach dem Einlesen der letzten Karte (Verzweigung nach ENDE) noch von der letzten Gruppe der Durchschnitt gebildet und ausgedruckt werden muß!

A.7.04 Gegeben sind Karten wie bei Beispiel A.7.1. Gesucht ist eine Liste mit folgender Bereichseinteilung:

Kundennummer (DKND)	Karten pro Kundennummer (ZAHL)	Betragssumme (SUM)
1—5	11—13	21—28

Es werden also alle Karten mit der gleichen Kundennummer gezählt, die entsprechenden Beträge addiert und bei Gruppenwechsel ausgegeben.

Anleitung:

Dieses Beispiel ist in seinem Aufbau ähnlich der Übung *A.7.03*.

A.7.05 Gegeben sind Karten:

Spalte	*Feldinhalt*	*Feldname*
1	Kartenart	KA
2—32	Text oder Überschrift	REST

Es gibt nur Kartenarten 6 und 7. Kartenart 6 ist eine Überschriftskarte, Kartenart 7 ist eine Textkarte. Das Kartenpaket beginnt mit einer Kartenart 6. Es folgen mehrere Kartenarten 7, eine Kartenart 6, mehrere Kartenarten 7 usw.

Gesucht ist eine Liste mit folgendem Listbild:

```
                  UEBERSICHTSTABELLE
                                      } (1 Leerzeile)
Überschrift 1
 Text1        Text2
 Text3        Text4
 .....        .....
 TextN
                                      } (1 Leerzeile)
Überschrift2
 Text1        ...... usw.
```

Es wird also pro Kartenart 6 (Überschrift) eine Zeile gedruckt, aber anschließend im allgemeinen die Texte von zwei Kartenarten 7 in eine Zeile gestellt. Nach dem Einlesen einer neuen Überschriftskarte wird auf alle Fälle gedruckt und nach einer Leerzeile die neue Überschrift ausgegeben. Die Überschriften beginnen mit Stelle 1, die Texte mit Stelle 2 bzw. Stelle 33. Am Kopf der Tabelle soll das Wort UEBERSICHTSTABELLE und eine folgende Leerzeile stehen.

A.7.06 Man kodiere die Maschinen- und Datenbeschreibung von Beispiel A.6.2.

A.7.07 Man kodiere die DATA DIVISION der Beispiele A.6.3 bis A.6.6.

A.7.08 Man kodiere die Maschinen- und Datenbeschreibung von Beispiel A.6.7.

A.7.09 Man kodiere die DATA DIVISION der Übungen *A.6.01* und *A.6.02*.

A.7.10 Man kodiere die DATA DIVISION der Übung *A.6.11*.

A.7.11 Gegeben: Lochkarten

Spalte	*Feldinhalt*	*Feldname*
11—3Ø	Familienname	FNAME
5Ø—56	Bruttolohn	LOHN

Gesucht: Liste

Familienname	Bruttolohn	
(DNAME)	(DLOHN)	DSTERN
21—4Ø	5Ø—56	57

Es wird pro Karte eine Zeile gedruckt.

Ist der Lohn ≥1Ø.ØØØ,ØØ, soll zusätzlich ein Stern rechts neben dem Betrag ausgedruckt und vor dem Drucken eine Leerzeile eingefügt werden.

Man kodiere ab der DATA DIVISION.

A.8. INDIZIERUNG (OCCURS-EINTRAGUNG)

In allen Bereichen der Datenverarbeitung hat man es sehr oft mit der Bearbeitung von Tabellen zu tun. Für den Programmierer ist eine im Hauptspeicher gespeicherte Tabelle nichts anderes als eine Aufeinanderfolge von gleichartigen und meist gleich langen Speicherfeldern. Man hat nun die Möglichkeit, eine Vielzahl derartiger Felder durch die sogenannte OCCURS-Eintragung in sehr einfacher Weise zu definieren.

BEISPIEL

```
Ø1  TABELLE.
    Ø2  KOSTENART PICTURE 999 OCCURS 35.
```

Diese Anweisung bedeutet, daß 35 3stellige numerische Felder im Hauptspeicher reserviert werden.

Es erhebt sich nun die Frage, unter welchem Namen in der PROCEDURE-DIVISION ein bestimmtes dieser 35 Felder angesprochen werden kann. Der Feldname setzt sich aus dem Bereichsnamen und einer Numerierung (Indizierung) zusammen. In unserem Beispiel würden die Felder der Reihe nach durch

```
KOSTENART (1)
KOSTENART (2)
KOSTENART (3)
.............
KOSTENART (35)
```

angesprochen.

Die Zahl in der Klammer wird *Index* genannt.

Als Index darf auch ein Feldname auftreten. Das als Index verwendete Feld muß numerisch definiert sein, und es muß darin vor seiner Verwendung als Index eine ganze Zahl gespeichert werden.

BEISPIEL

Wir finden in der WORKING-STORAGE SECTION unter anderem die Definitionen:

```
77  N PICTURE 99 VALUE Ø1.
..............................
Ø1  TABELLE.
    Ø2  KOSTENART PIC 999 OCCURS 35.
```

In der PROCEDURE-DIVISION würde dann durch

KOSTENART (N)

das erste Feld der Tabelle angesprochen.

Man könnte im Programm den Inhalt des Feldes N verändern und dadurch einen anderen Tabellenplatz ansprechen.

Die OCCURS-Eintragung unterliegt folgenden Regeln:

1. Die OCCURS-Eintragung darf nicht mit der Stufennummer Ø1 auftreten (auch nicht mit der Stufennummer 88 — diese wird in Kapitel B.7.6. erklärt).
2. Die OCCURS-Eintragung darf nicht in Verbindung mit einer VALUE-Eintragung angewendet werden.
3. Die OCCURS- und die PICTURE-Eintragung dürfen vertauscht werden.

BEISPIEL

A.8.1 Gegeben sind Karten:

Spalte	*Feldinhalt*	*Feldname*
1—5	beliebige ganze Zahl	ZAHL

Die eingelesenen Zahlen sollen der Reihe nach in eine eindimensionale Tabelle gespeichert werden. Es sind maximal 15 Karten zu erwarten. Nach dem Einlesen der letzten Karte soll die Tabelle in einer Zeile ausgedruckt werden.

Kodierung:

```
IDENTIFICATION DIVISION.
PROGRAM-ID. BEIA81.
ENVIRONMENT DIVISION.
INPUT-OUTPUT SECTION.
FILE-CONTROL.
    SELECT KARTE ASSIGN TO
        SYS008-UR-2501-S.
    SELECT DRUCKER ASSIGN TO
        SYS007-UR-1403-S.
DATA DIVISION.
FILE SECTION.
FD  KARTE
    RECORDING F
    LABEL RECORD OMITTED
    DATA RECORD EBER.
01  EBER.
    02 ZAHL PICTURE 9(5).
FD  DRUCKER
    RECORDING F
    LABEL RECORD OMITTED
    DATA RECORD DBER.
01  DBER.
    02 TAB PICTURE Z(4)9 OCCURS 15.
WORKING-STORAGE SECTION.
77  N PIC 99 VALUE 01.
PROCEDURE DIVISION.
    OPEN INPUT KARTE OUTPUT DRUCKER.
    MOVE ZERO TO DBER.
A1.
    READ KARTE AT END GO TO A2.
    MOVE ZAHL TO TAB (N).
    ADD 1 TO N.
    GO TO A1.
A2.
    WRITE DBER.
    CLOSE KARTE DRUCKER. STOP RUN.
```

ÜBUNGEN

A.8.01 Gegeben sind Karten:

Spalte	*Feldinhalt*	*Feldname*
1	Kartenart	KA
2—10	leer	FILLER
11—80	10 7stellige Felder mit je 2 Dezimalstellen	X(I)

Es wechseln immer je eine Kartenart 1 und Kartenart 2 ab. Kartenart 1 enthält die Mengen von 10 Warenarten, die darauffolgende Kartenart 2 die Preise in der entsprechenden Reihenfolge. Nach dem Einlesen von 2 Karten soll der Gesamtwert ab der Druckstelle 1 ausgedruckt werden. Negative Zahlen sollen berücksichtigt werden. (Dieser so berechnete Wert wird auch das *innere Produkt* der beiden Zahlenreihen bezeichnet.)

Es soll geprüft werden, ob die Kartenarten in der geforderten Reihenfolge liegen. Wenn nicht, soll die Bemerkung: ‘FEHLER IN DER KARTENFOLGE‘ ab Stelle 19 ausgedruckt werden.

A.8.02 Es soll Übung *A.6.02* mittels OCCURS programmiert werden. Die Kartenart kann die Werte 1—9 annehmen.

A.8.03 Darf das Feld N in Übung *A.8.02 einstellig* definiert werden?

A.9. UNTERPROGRAMME (PERFORM-EINTRAGUNG)

Der Begriff *Unterprogramm* ist einer der wichtigsten in der modernen Programmiertechnik.

Ein *Unterprogramm* ist ein Programmteil mit folgenden Eigenschaften:

1. Jedes Unterprogramm beginnt mit einem Paragraphennamen.
2. Man kann durch die Anweisung

   PERFORM Paragraphenname

   von jeder Stelle des Hauptprogramms zum Unterprogramm verzweigen. (Man sagt auch: Das Unterprogramm wird *aufgerufen.*)
3. Nachdem alle Befehle des Unterprogramms ausgeführt sind, wird automatisch an jene Stelle des Hauptprogramms zurückverzweigt, die nach der aufrufenden PERFORM-Eintragung unmittelbar folgt.

Es dürfen im Hauptprogramm beliebig viele PERFORM-Anweisungen mit dem gleichen Paragraphennamen vorkommen.

Aus diesen Eigenschaften erkennt man schon den Zweck der Unterprogrammtechnik. Wenn eine bestimmte Befehlsfolge an verschiedenen Stellen eines größeren Programms immer wieder durchlaufen werden soll, so wird man diese Befehlsfolge nur *einmal* in einem Unterprogramm kodieren.

BEISPIEL

Im Laufe eines COBOL-Programms sollen drei verschiedene Texte, die in drei je 20stelligen Feldern TEXT1, TEXT2, TEXT3 gespeichert sind, untereinander ausgedruckt werden. Jede Zeile soll unterstrichen werden. Der Strich wird aus nebeneinanderstehenden Minuszeichen gebildet. Schreiben und Unterstreichen sollen in einem Unterprogramm durchgeführt werden.

Im folgenden sind nur die für das Beispiel wesentlichen Definitionen und Befehle kodiert:

```
..........
Ø1  DBER.
..........
77  TEXT1 PICTURE X(2Ø).
77  TEXT2 PICTURE X(2Ø).
77  TEXT3 PICTURE X(2Ø).
                                        (20 Zeichen)
77  STRICH PICTURE X(2Ø) VALUE  '——.......——'.
..........
        MOVE TEXT1 TO DBER. PERFORM SCHREIBEN.
        MOVE TEXT2 TO DBER. PERFORM SCHREIBEN.
        MOVE TEXT3 TO DBER. PERFORM SCHREIBEN.
        ..........
SCHREIBEN.
        WRITE DBER AFTER ADVANCING 1 LINES.  )
        MOVE STRICH TO DBER.                 } *
        WRITE DBER AFTER ADVANCING 1 LINES.  }
        MOVE SPACES TO DBER.                 )
NEUER-PARAGRAPH.
        ..........
```

* Diese Befehlsfolge ist das Unterprogramm.

ÜBUNG

A.9.01 Gegeben sind Karten:

Spalte	*Inhalt*	*Feldname*
1–15	Name	NAME
16–18	Wert A (ganzzahlig)	A
19–21	Wert B (ganzzahlig)	B

Gesucht ist eine Liste, in der abwechselnd folgende Zeilen gedruckt werden:

Zeile 1:	Name (DNAME) 1–15			
Zeile 2:		Wert A (DA) 21–23	Wert B (DB) 29–31	Wert C (= A · B) (DC) 37–46
Zeile 3:	... wie Zeile 1			
Zeile 4:	... wie Zeile 2 usw.			
	....			
				Summe aller Werte C 37–46

Das Drucken der Zeilen und das Löschen des Druckbereiches sind in einem Unterprogramm durchzuführen!

Soll ein Unterprogramm aus mehreren Paragraphen bestehen, so kann dies durch die Anweisung

```
PERFORM Paragraphenname1   THRU Paragraphenname2
```

angegeben werden.

Dabei ist durch Paragraphenname1 der *erste* und durch Paragraphenname2 der *letzte* Paragraph des Unterprogramms benannt.

Wird der Paragraphenname2 nur als Sprungadresse benutzt und soll in diesem Paragraphen vor dem Rücksprung ins Hauptprogramm keine Anweisung mehr ausgeführt werden, so kann man dies durch die Eintragung

Paragraphenname2. EXIT.

programmieren.

Eine wichtige Ergänzung der PERFORM-Eintragung stellt die VARYING-Anweisung dar, die im folgenden Beispiel erklärt wird:

BEISPIEL

A.9.1 Gegeben sind Karten. Die ersten 5 Spalten bilden ein Feld für je eine ganze Zahl. Diese Zahlen sollen ausgedruckt werden, und zwar derart, daß immer 15 nebeneinander in einer Druckzeile stehen. Diese 15 Felder sind gleichmäßig in einem 120stelligen Druckbereich aufzuteilen.

Das Einlesen und Übertragen der eingelesenen Werte in den Druckbereich geschieht in einem Unterprogramm UEBERTRAG. Dieses Unterprogramm wird durch die Anweisung:

PERFORM UEBERTRAG VARYING N FROM 1 BY 1 UNTIL N > 15.

aufgerufen.

Diese Anweisung bedeutet, daß das Unterprogramm mehrmals durchlaufen wird, wobei der Inhalt des Feldes N von 1 ausgehend schrittweise um 1 erhöht wird, bis die Endbedingung (N > 15) erreicht wird. In unserem Beispiel werden demnach 15 Karten eingelesen und ihre Inhalte in die 15 Felder

LISTE (N)

übertragen.

Das allgemeine Format der VARYING-Anweisung ist in Anhang 4 beschrieben.

Kodierung:
```
IDENTIFICATION DIVISION.
PROGRAM-ID. BEIA91.
ENVIRONMENT DIVISION.
INPUT-OUTPUT SECTION.
FILE-CONTROL.
    SELECT KARTE ASSIGN TO
        SYS008-UR-3505-S
    SELECT DRUCKER ASSIGN TO
        SYS007-UR-1403-S.
DATA DIVISION.
FILE SECTION.
FD  KARTE
    RECORDING F
    LABEL RECORD OMITTED
    DATA RECORD EBER.
```

```
01  EBER PICTURE 9(5).
FD  DRUCKER
    RECORDING F
    LABEL RECORD OMITTED
    DATA RECORD DBER.
01  DBER.
    02 LISTE  PICTURE Z(7)9, OCCURS 15.
WORKING-STORAGE SECTION.
77  N PICTURE 99.
PROCEDURE DIVISION.
    OPEN INPUT KARTE OUTPUT DRUCKER.
ANFANG.
    MOVE SPACES TO DBER.
    PERFORM UEBERTRAG VARYING N FROM
        1 BY 1 UNTIL N > 15.
SCHREIBEN.
    WRITE DBER.
    GO TO ANFANG.
UEBERTRAG.
    READ KARTE AT END WRITE DBER,
        CLOSE KARTE DRUCKER STOP RUN.
    MOVE EBER TO LISTE (N).
```

A.10. ITERATION MITTELS PERFORM

Die im Kapitel A.9. eingeführte PERFORM-Anweisung kann noch im folgenden Format verwendet werden:

PERFORM Paragraphenname-1 [THRU Paragraphenname-2]
UNTIL Bedingung

Dabei ist durch Paragraphenname-1 der erste und durch Paragraphenname-2 der letzte Paragraph eines Unterprogramms benannt, welches wiederholt immer wieder durchgeführt wird, bis die durch die UNTIL-Angabe definierte Bedingung erfüllt ist. Dann wird bei der Anweisung, die der PERFORM-Anweisung folgt, weitergearbeitet. Wichtig ist die Tatsache, daß die Bedingung *vor* Beginn des Verzweigens in das Unterprogramm abgefragt wird. Die Logik kann also durch ein Blockdiagramm wie folgt gezeigt werden:

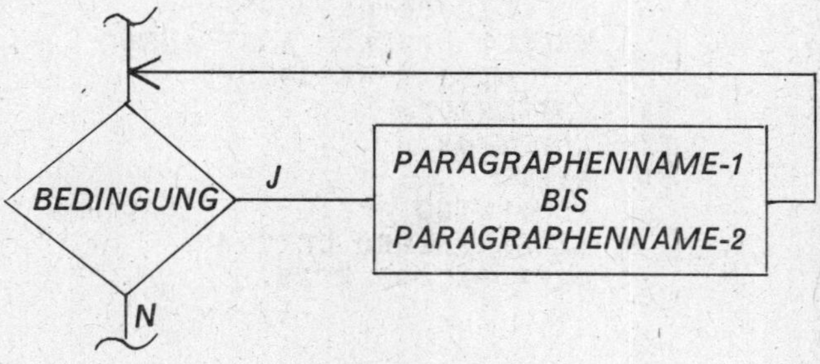

Damit sehen wir, daß mit dieser PERFORM-Anweisung das Strukturelement 'Iteration' sehr einfach kodiert werden kann.

Das schon mehrfach zitierte Beispiel A.6.1. aus Kapitel A.6. würde dann — völlig GO TO-frei — wie folgt kodiert werden:

```
PROCEDURE DIVISION.
        OPEN INPUT KARTE OUTPUT LISTE.
        MOVE SPACE TO EOF.
        READ KARTE AT END MOVE 'E' TO EOF.
PERFORM ITER UNTIL EOF 'E'.
ENDE.
        CLOSE KARTE LISTE. STOP RUN.
ITER.
        MOVE SPACES TO DBER.
        MOVE A TO A-DRUCK.
        MOVE B TO B-DRUCK.
        ADD A B GIVING A-PLUS-B.
        MULTIPLY A BY B GIVING A-MAL-B.
        WRITE DBER.
        READ KARTE AT END MOVE 'E' TO EOF.
```

Abschließend noch einige Bemerkungen zur GO TO-freien Kodierung der Iteration. Vielfach wird fälschlich die Ansicht vertreten, daß es in COBOL keine direkte Anweisung für die Iteration gibt.

In manchen anderen Sprachen (z. B.: PL/I oder PASCAL) wird nämlich die Iteration durch die sogenannte DO WHILE-Anweisung kodiert. Bei DO WHILE wird die Bedingung am Anfang der Prozedur abgefragt. In diesen Sprachen gibt es aber auch noch die DO UNTIL-Anweisung, bei der die Bedingung am Ende der Prozedur abgefragt wird, so daß die Befehlsfolge also mindestens einmal durchlaufen wird.

Das in COBOL verwendete PERFORM ... UNTIL ist jedoch mit der DO WHILE-Anweisung ident und *nicht* mit der ähnlich klingenden DO UNTIL-Anweisung. Es wird ja bei PERFORM ... UNTIL die Bedingung ebenfalls am *Anfang* der Prozedur abgefragt.

Zuletzt noch einige Worte über das „Strukturierte Programmieren" schlechthin.

Das Verwenden der hier angeführten drei Strukturelemente Sequenz, Selektion und Iteration bedeutet zwar, daß das Programm strukturiert kodiert wurde, ist aber noch kein zwingender Hinweis, daß bei der Analyse des Programms in Top-Down-Strukturen gedacht wurde. Strukturierter Programmentwurf ist mehr als strukturiertes kodieren! Nur wenn die geschachtelten Strukturen auch die logische Tiefe der gestellten Problematik erkennen lassen, hat man das Strukturkonzept richtig angewendet.

B. ERWEITERUNG UND ALLGEMEINE REGELN DER COBOL-PROGRAMMIERUNG

Im Teil A wurden nur die grundlegendsten Elemente von COBOL besprochen. Der Leser sollte mit dem Programmieren vertraut werden, ohne das Gedächtnis mit zu vielen Formalregeln zu belasten.

Im Teil B werden eine Reihe von sehr praktischen und wirksamen Erweiterungen besprochen, die den Anfänger jedoch nicht allzusehr überfordern.

Der Leser wird abschließend in der Lage sein, Handbücher von Computerherstellern und weitere COBOL-Literatur mit Verständnis zu benutzen und sich durch praktische Arbeit rasch vervollkommnen können.

Wie das Inhaltsverzeichnis zeigt, ist Teil B völlig analog dem Teil A aufgebaut. Beim Studium sollte daher jeweils das entsprechende Kapitel von Teil A wiederholt werden.

B.1. FACHAUSDRÜCKE DER SPEICHERTECHNIK

B.1.1. Bytestruktur

Im Teil A haben wir zwischen numerischen und nichtnumerischen Feldern unterschieden. Es sind noch feinere Unterscheidungen möglich; um diese voll zu verstehen, müssen wir vorerst den Aufbau der Hauptspeicherplätze besprechen.

Als kleinste Einheit des Hauptspeichers haben wir bisher das *Byte* (eine Speicherstelle) angesehen. Jedes Byte besteht jedoch aus 8 Binärelementen, den sogenannten *Bits*. Ein Bit kann — wie ein Schalter — nur zwei Zustände annehmen, die wir als *Ein-* bzw. *Ausstellung* bezeichnen. Wir ordnen diesen Zuständen die *Binärziffern* Ø und 1 zu. Eine Gruppe von 4 Bits wird *Halbbyte* genannt (Abb. 3).

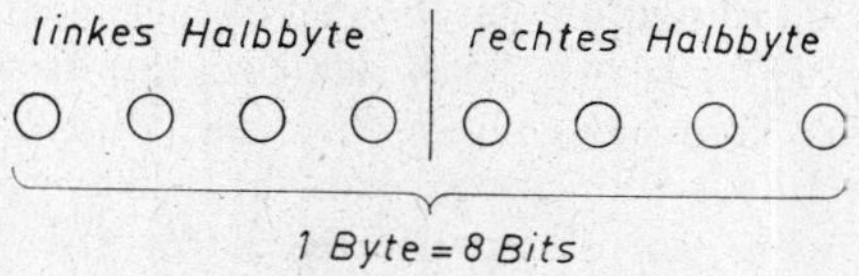

Abb. 3

Ein Halbbyte kann in folgender Weise zur Verschlüsselung von Dezimalziffern verwendet werden:

Halbbyte	*Ziffer*
ØØØØ	Ø
ØØØ1	1
ØØ1Ø	2
ØØ11	3
Ø1ØØ	4
Ø1Ø1	5
Ø11Ø	6
Ø111	7
1ØØØ	8
1ØØ1	9

Die Kombinationsmöglichkeit der 4 verwendeten Bits ist damit noch nicht erschöpft; es sind noch folgende Möglichkeiten offen:

Halbbyte	*Ziffer*	*Wert*
1Ø1Ø	A	1Ø
1Ø11	B	11
11ØØ	C	12
11Ø1	D	13
111Ø	E	14
1111	F	15

Dies sind die Verschlüsselungen der Zahlen 10 bis 15. Um diese Werte und damit alle Kombinationsmöglichkeiten eines Halbbytes einziffrig ausdrükken zu können, verwendet man das *hexadezimale* oder *sedezimale Zahlsystem*, wobei man die letzten sechs Ziffern durch die Buchstaben A bis F notiert.

B.1.2. Speicherformate

Zahlen können im Hauptspeicher auf verschiedene Arten gespeichert werden:

1. im gezonten Format:

Pro Byte wird eine Ziffer gespeichert.

Das linke Halbbyte enthält im allgemeinen die Bitkombination 1111, das rechte Halbbyte enthält die oben angegebene Verschlüsselung der einzelnen Dezimalziffern.

BEISPIEL

Die Zahl 367 wird in 3 Bytes wie folgt verschlüsselt:

1111	ØØ11	1111	Ø11Ø	1111	Ø111
F	3	F	6	F	7

Unter jedes Halbbyte wurde die entsprechende Hexadezimalzahl geschrieben.

Man erkennt, daß die Hexadezimalziffern als eine Art Stenographie der Halbbytestruktur aufgefaßt werden können.

Das linke Halbbyte der Einerstelle enthält das Vorzeichen.

Die Kombinationen F, E, C, A stehen für plus,
B, D stehen für minus.

2. im gepackten Format:

Pro Halbbyte wird eine Ziffer gespeichert.

BEISPIEL

Die Zahl —367 wird wie folgt dargestellt:

ØØ11	Ø11Ø	Ø111	11Ø1
3	6	7	D

Das letzte Halbbyte enthält das Vorzeichen.

Es gilt der gleiche Code wie beim gezonten Format.

3. im binären Format:

Alle Bits von mehreren nebeneinanderliegenden Bytes werden als ununterbrochene Bitkette für die Verschlüsselung einer Binärzahl angesehen.

Das erste Bit wird für die Verschlüsselung des Vorzeichens verwendet.

1 steht für minus, Ø steht für plus.

Es werden oft 2 bzw. 4 bzw. 8 Bytes zusammengefaßt.
Man spricht dann von *Halbwort* bzw. *Wort* bzw. *Doppelwort*.

BEISPIEL

Die Zahl —17 soll im binären Format verschlüsselt werden.

Im Binärsystem wird die Zahl 17 in der Form 10001 dargestellt. Es genügt daher ein Halbwort, um diese Bitkette unterzubringen.

1ØØØ ØØØØ ØØØ1 ØØØ1

Man beachte, daß das erste Bit das Vorzeichen anzeigt.

4. im Gleitkommaformat:

Es wird das mathematische Prinzip, Zahlen von extremer Größe durch Zehnerpotenzen auszudrücken, angewendet.

So kann z. B. die Zahl 153000000 mathematisch in der Form $153 \cdot 10^6$ oder $15{,}3 \cdot 10^7$ oder $1{,}53 \cdot 10^8$ usw. geschrieben werden. Wenn wir übereinkommen, daß die erste geltende Ziffer des Faktors vor der Zehnerpotenz unmittelbar nach dem Komma stehen soll, wird die Darstellung eindeutig.

In unserem Fall:

$$153000000 = 0{,}153 \cdot 10^9$$

Man nennt die Zahl 0,153 die *Mantisse* und die Hochzahl 9 die *Charakteristik*. Beide können auch negative Werte annehmen.

Das Aufspalten einer Zahl in Mantisse und Charakteristik kann in jedem beliebigen Zahlsystem, insbesondere auch im binären und im hexadezimalen, durchgeführt werden.

> Wird ein Wort oder Doppelwort des Hauptspeichers in zwei (meist verschieden lange) Teile geteilt und darin Mantisse bzw. Charakteristik gespeichert, so ist das die *interne Gleitkommadarstellung* der Zahl.

ÜBUNGEN

B.1.01 Wie wird die Zahl —3 im gezonten, im gepackten und im binären Format dargestellt?

B.1.02 Eine zweistellige Zahl ist im gezonten Format gespeichert. Die hexadezimale Darstellungsweise zeigt folgenden Aufbau:

F 2 F Ø

Um welche Zahl handelt es sich? Wie sieht die Darstellung im gepackten bzw. binären Format aus?

B.1.3. USAGE-Eintragung

Die USAGE-Eintragung beschreibt das Format, in dem Zahlen gespeichert werden.

Sie kann bei jeder beliebigen Stufennummer nach der PICTURE-Eintragung wahlweise in folgender Form erscheinen:

USAGE IS	DISPLAY		
	COMPUTATIONAL	oder kürzer:	COMP
	COMPUTATIONAL-1		COMP-1
	COMPUTATIONAL-2		COMP-2
	COMPUTATIONAL-3		COMP-3

Es bedeutet:

DISPLAY	gezontes Format
COMPUTATIONAL	binäres Format
COMPUTATIONAL-1	Gleitkommaformat in einem Wort (= *einfache Genauigkeit*)
COMPUTATIONAL-2	Gleitkommaformat in einem Doppelwort (= *doppelte Genauigkeit*)
COMPUTATIONAL-3	gepacktes Format

Die beiden Wörter USAGE IS sind *Wahlwörter*, d. h. sie können auch weggelassen werden, ohne an der Bedeutung der Eintragung etwas zu ändern.

Wird die USAGE-Eintragung gänzlich weggelassen, so wird DISPLAY angenommen.

Durch geschicktes Verwenden von USAGE-Eintragungen kann der geübte Programmierer Speicherplatz und Computerzeit sparen.

Mit Zahlen, die im binären Format gespeichert sind, rechnet die Maschine besonders rasch. Zahlen, die im gezonten Format gespeichert sind, werden auch ohne USAGE-Eintragung vor jeder Rechnung maschinenintern in das gepackte Format umgewandelt.

Beispiel B.8.1 zeigt eine USAGE-Eintragung.

B.2. COBOL-NAMEN

Im Rahmen eines Programms werden selbstgewählte COBOL-Namen, die man im Gegensatz zu den reservierten COBOL-Wörtern gern der deutschen Sprache entnimmt, wie folgt verwendet:

1. *Daten-* bzw. *Dateinamen (Data-, file-Names)*

   Man bezeichnet damit:

   Felder (= Datenelemente)
   Bereiche (= Datengruppen)
   Sätze
   Dateien (= Datenbestände)

2. *Paragraphennamen*

   Sie dienen als Sprungadressen bei Verzweigungen. Sie dürfen auch nur aus Ziffern gebildet sein!

3. *Externe Namen*

   Ein externer Name ist ein Literal mit höchstens 8 alphanumerischen Zeichen. Er wird vor allem in der PROGRAM-ID-Karte verwendet.

4. *Bedingungsnamen*

   Sie haben das gleiche Format wie Datennamen und werden in Kapitel B.7.6. besprochen.

B.3. GLEITKOMMALITERALE

Die numerischen Literale gestatten eine Erweiterung, um besonders große oder sehr kleine Zahlen darzustellen. Es sind dies die *Gleitkommaliterale.*

Ihr allgemeinstes Format ist:

Vorzeichen	Mantisse	E	Vorzeichen	Exponent

BEISPIEL

Entsprechend der Mehrdeutigkeit der mathematischen Notation, wie etwa

$$153000000 = 153 \cdot 10^6 = 1{,}53 \cdot 10^8 \text{ usw.,}$$

können diese Zahlen wie folgt geschrieben werden:

153E6 bzw. 1.53E8 usw.

Mantisse und Exponent dürfen wahlweise auch mit Vorzeichen versehen werden.

Die Mantisse besteht aus 1 bis 16 Ziffern mit dem erforderlichen Dezimalpunkt. Der Exponent ist eine ein- oder zweiziffrige ganze Zahl.

Der Wert des Literals ist das Produkt aus Mantisse und der durch den Exponenten bestimmten Potenz von 10.

WEITERE BEISPIELE

Literal	*Wert*
+1.5E+3	$1{,}5 \cdot 10^3 = 1500$
−Ø.8E+2	$-0{,}8 \cdot 10^2 = -80$
−Ø.8E−2	$-0{,}8 \cdot 10^{-2} = -.008$
+17.2E5	$17{,}2 \cdot 10^5 = 1720000$
Ø.17E+3	$0{,}17 \cdot 10^3 = 170$

B.4. DAS COBOL-PROGRAMMSCHEMA — TRENNUNGSZEICHEN[1]

Das Programmschema wurde im Teil A bis auf die Spalte 7 besprochen. Diese Spalte dient zur Kennzeichnung der Trennung eines nichtnumerischen Literals, das in einer Zeile nicht mehr beendet werden kann.

Es gilt:

> Enthält eine Zeile einen Teil eines nichtnumerischen Literals, das fortgesetzt wird, so darf am Ende der Zeile, d. i. die 72. Spalte der Lochkarte, *kein* Hochkomma stehen.
>
> Der Fortsetzungsteil des Literals in der nächsten Zeile darf nicht vor dem B-Rand beginnen, und es muß ihm unmittelbar vorher ein Hochkomma vorangehen.
>
> Jede Zeile, die die Fortsetzung eines Literals enthält, muß mit einem Bindestrich in Spalte 7 beginnen.

[1] Folgezeichen

B.5. AUFBAU EINES COBOL-PROGRAMMS

Die Grobstruktur eines COBOL-Programms ergibt sich aus der Gliederung in die vier DIVISIONS. Diese unterteilen sich weiter in SECTIONS und PARAGRAPHEN, so daß sich folgende allgemeine Einteilung ergibt:

IDENTIFICATION DIVISION

Programmbezeichnung, Bemerkungen
Kein Einfluß auf das Programm!

ENVIRONMENT DIVISION

CONFIGURATION SECTION

SOURCE-COMPUTER
Bezeichnung des Umwandlungssystems

OBJECT-COMPUTER
Bezeichnung des ausführenden Systems

SPECIAL-NAMES

INPUT-OUTPUT SECTION

FILE-CONTROL
Zuordnung der Datenbestände an die Ein- und Ausgabeeinheiten

I-O-CONTROL
Ein- und Ausgabetechnik

DATA DIVISION

FILE SECTION

a) Beschreibung der Datenbestände
b) Beschreibung der Datensätze

WORKING-STORAGE SECTION

Beschreibung von Zwischenspeichern und Konstanten

LINKAGE SECTION

Im Unterprogramm: Beschreibung der im Hauptprogramm definierten Daten

PROCEDURE DIVISION

Eigentliches Programm, unterteilt in Paragraphen

Man beachte:

1. Die vier Karten

   IDENTIFICATION DIVISION.
   ENVIRONMENT DIVISION.
   DATA DIVISION.
   PROCEDURE DIVISION.

   müssen in jedem COBOL-Programm vorhanden sein.

2. Nicht benötigte SECTIONS können wegbleiben.

   Merkregel:

   Die Überschriftskarte einer SECTION besteht immer aus genau 2 Worten.

   Zum Beispiel: CONFIGURATION SECTION.
   INPUT-OUTPUT SECTION.

   Durch den Bindestrich wird INPUT-OUTPUT zu einem Wort!

3. Sonstige Überschriften (Paragraphennamen) bestehen aus einem Wort:

   Zum Beispiel: SOURCE-COMPUTER.
   FILE-CONTROL.

B.6. DIE BEFEHLSFOLGE (PROCEDURE DIVISION)

Anhang 3 beschreibt nur jene Befehle, die bereits im Teil A verwendet wurden.

Anhang 4 stellt eine Ergänzung zu Anhang 3 dar, wobei der Leser nochmals besonders auf *Schlüssel-* bzw. *Wahlwörter* hingewiesen wird. (Siehe Vorbemerkung zu Anhang 3.)

Beachte:

Anhang 3 und 4 enthalten nicht alle COBOL-Befehle.

Dies würde dem im Vorwort angegebenen Zweck des Buches widersprechen.

Folgende Befehle seien genauer erläutert:

B.6.1. ACCEPT — DISPLAY

Mit ACCEPT bzw. DISPLAY kann in den Hauptspeicher eingelesen bzw. vom Hauptspeicher ausgegeben werden, ohne daß in der DATA DIVISION ein Datenbestand definiert wurde.

Folgende Anweisungen sind möglich:

$$\text{ACCEPT Bereichsname} \left[\text{FROM} \left\{ \begin{array}{l} \text{SYSIPT} \\ \text{CONSOLE} \\ \text{Merkname} \end{array} \right\} \right]$$

Je nach Spezifikation wird entweder vom Kartenleser (genauer gesagt: von jener Einheit, der SYSIPT zugeordnet ist) oder von der Konsole in den angegebenen Bereich eingelesen.

Wird ein Merkname angegeben, so muß im SPECIAL-NAMES Paragraph dem Merknamen entweder SYSIPT oder CONSOLE zugewiesen werden.

BEISPIEL

```
SPECIAL-NAMES.
          CONSOLE IS EINGABE.
```

Wird die FROM-Eintragung nicht gemacht, dann wird SYSIPT angenommen.

$$\text{DISPLAY Bereichsname (oder Literal)} \left[\text{UPON} \left\{ \begin{array}{l} \text{SYSPUNCH} \\ \text{CONSOLE} \\ \text{Merkname} \end{array} \right\} \right]$$

SYSPUNCH ist meist der Stanzeinheit zugeordnet. Die Bedeutung der UPON-Eintragung ist analog der FROM-Eintragung von ACCEPT. Wird jedoch die UPON-Eintragung nicht gemacht, dann nimmt das System eine Ausgabe auf SYSLST (das ist meist der Drucker) an!

Bei ACCEPT und DISPLAY werden die übertragenen Daten nicht auf Fehler geprüft. Man verwendet diese Befehle daher meist nur für selten vorkommende Nachrichten und Steueranweisungen.

BEISPIEL

B.6.1 Es wird gezeigt, wie kurz ein vollständiges COBOL-Programm sein kann. Es soll hier nur auf dem Drucker das Wort 'ACHTUNG' und auf der Konsole das Wort 'VORSICHT' ausgedruckt werden.

Kodierung:

```
IDENTIFICATION DIVISION.
PROGRAM-ID. BEIB61.
ENVIRONMENT DIVISION.
DATA DIVISION.
PROCEDURE DIVISION.
        DISPLAY 'ACHTUNG'.
        DISPLAY 'VORSICHT' UPON CONSOLE.
        STOP RUN.
```

B.6.2. Beschränkungen bei der MOVE-Anweisung

In verschiedenen Beispielen wurde bereits hingewiesen, wie wichtig es ist, gewisse Datenfelder zur richtigen Zeit mit Blanks oder mit Nullen zu löschen. Man verwendet hiezu die MOVE-Anweisung gemeinsam mit den figurativen Konstanten SPACE und ZERO.

Bei allen Übertragungen ist jedoch auch auf die Stufennummern und die Art der PICTURE-Eintragungen der beteiligten Felder zu achten.

Die folgende Tabelle soll einen Überblick über die wichtigsten erlaubten Übertragungen geben[1]:

Sendebereich		*Empfangsbereich* GR	A	X	9
Datengruppe	GR	J	J	J	N
Alphabetisch	A	J	J	J	N
Alphanumerisch	X	J	J	J	N
Numerisch	9	J	N	J[2]	J
	ZERO	J	N	J	J
	SPACE	J	J	J	N

Es wird erinnert, daß eine Datengruppe ein Bereich ist, der durch höhere Gruppennummern weiter unterteilt wird.

B.7. DIE MASCHINEN- UND DATENBESCHREIBUNG

Anhand eines Beispiels sollen weitere neue COBOL-Anweisungen besprochen werden:

[1] J = Ja, N = Nein

[2] Es dürfen nur ganze Zahlen übertragen werden, insbesondere keine Gleitkommazahlen.

BEISPIEL

B.7.1 Gegeben sind Kartenarten 1 und 2.

Kartenart 1:

Spalte	*Feldinhalt*	*Feldname*
1	Kartenart	KA
2–31	Name	NAME
32–35	Zahlenwert (2 Dezimalstellen)	WERT

Kartenart 2:

Spalte	*Feldinhalt*	*Feldname*
1	Kartenart	KA
2–33	Überschrift	TITEL

Das Kartenpaket ist so geordnet, daß jeweils nach einer Kartenart 2 eine oder mehrere zugehörige Kartenarten 1 zu liegen kommen. Man kann sich etwa vorstellen, daß die Überschriftskarten Abteilungsnamen eines Betriebes enthalten, und in den jeweils nachfolgenden Karten die Namen der in diesen Abteilungen Beschäftigten sowie deren Überstundenentgelte gelocht sind.

Ist die erste Karte nicht von der Kartenart 2, so soll sie auf der Konsole ausgegeben und die Arbeit abgebrochen werden.

Kommt eine Kartenart ungleich 1 oder 2 vor, so soll diese Karte ebenfalls ausgegeben werden, die Arbeit wird jedoch fortgesetzt.

Die allerletzte Karte soll die Kartenart 2 enthalten und sonst leer sein.

Gesucht ist eine Liste mit folgender Struktur:

Überschrift
⑨——————————㊵

Name ①——————⑳ Wert ㊱——㊵
....
....
} 1 Leerzeile

SUMME ㉔——㉜ Summe ㉝——㊵
} 2 Leerzeilen

Überschrift
⑨——————————㊵
usw.

In den Summenzeilen ist in den Stellen 24—32 die Konstante SUMME zu drucken, an den Stellen 33—4Ø stehen die Zwischensummen aller Werte, beginnend von der letzten Überschriftszeile.

Bei Blattende soll auf ein neues Formular vorgeschoben werden.

Kodierung:

```
IDENTIFICATION DIVISION.
PROGRAM-ID. BEIB71.
REMARKS.BEISPIEL FUER REDEFINES: ES
    WERDEN FUER DEN LESE- UND DRUCK-
    BEREICH MEHRERE STRUKTUREN DEFINIERT.
ENVIRONMENT DIVISION.
CONFIGURATION SECTION.
SOURCE-COMPUTER. IBM-370.
OBJECT-COMPUTER. IBM-370.
SPECIAL-NAMES.
    C01 IS NEUSEIT.
INPUT-OUTPUT SECTION.
FILE-CONTROL.
    SELECT DRUCKER ASSIGN TO
        SYS007-UR-1403-S
    RESERVE NO ALTERNATE AREA.
    SELECT KARTEN ASSIGN TO
        SYS008-UR-2501-S
    RESERVE 1 ALTERNATE AREA.
DATA DIVISION.
FILE SECTION.
FD  KARTEN
    DATA RECORD IS LBER,
    RECORDING MODE IS F
    LABEL RECORDS ARE OMITTED.
01  LBER.
    02  KA PICTURE X.
    02  BER1.
        03  NAME PICTURE X(30).
        03  WERT PICTURE 99V99.
    02  BER2 REDEFINES BER1.
        03  TITEL  PICTURE X(32).
        03  FILLER PICTURE XX.
```

```
FD  DRUCKER
    DATA RECORD IS DBER,
    RECORDING MODE IS F
    LABEL RECORDS ARE OMITTED.
    01  DBER.
        02  STEUER PICTURE X.
    02  DBER1.
        03  DNAME PICTURE X(30).
        03  FILLER PICTURE X(5).
        03  DWERT PICTURE Z9.99.
    02  DBER2 REDEFINES DBER1.
        03  FILLER PICTURE X(23).
        03  KONST PICTURE X(9).
        03  DSUMME PICTURE ZZZZ9.99.
    02  DBER3 REDEFINES DBER1.
        03  FILLER PICTURE X(8).
        03  DTITEL PICTURE X(32).
WORKING-STORAGE SECTION.
77  SUMME PICTURE 9(5)V99 VALUE ZERO.
PROCEDURE DIVISION.
BEG. OPEN INPUT KARTEN OUTPUT DRUCKER.
ANFANG.
    READ KARTEN AT END GO TO ENDE.
    IF KA = 2 GO TO 3.
    DISPLAY LBER UPON CONSOLE.
    GO TO ENDE.
LESEN.
    READ KARTEN AT END GO TO ENDE.
    IF KA = 1 GO TO 1.
    IF KA = 2 GO TO 2.
    DISPLAY LBER UPON CONSOLE.
    GO TO LESEN.
1.
    MOVE SPACE TO DBER.
    MOVE NAME TO DNAME.
    MOVE WERT TO DWERT.
    ADD WERT TO SUMME.
    WRITE DBER AFTER ADVANCING 1 LINES
    AT END-OF-PAGE
    WRITE DBER AFTER ADVANCING NEUSEIT.
    GO TO LESEN.
```

```
2.
    MOVE SPACES TO DBER.
    MOVE SUMME TO DSUMME.
    MOVE 'S U M M E' TO KONST.
    WRITE DBER AFTER ADVANCING 2 LINES.
3.
    MOVE SPACE TO DBER.
    MOVE TITEL TO DTITEL.
    WRITE DBER AFTER ADVANCING 3 LINES.
    MOVE ZEROES TO SUMME.
    GO TO LESEN.
ENDE.
    CLOSE KARTEN DRUCKER, STOP RUN.
```

Das nachfolgende Muster zeigt einen Ausdruck des Programms.

```
                UEBERSCHRIFT1
WARE1                                      17.00
WARE2                                      32.00
WARE3                                      55.20

                          S U M M E       104.20


                UEBERSCHRIFT2
WARE4                                      88.50
WARE5                                      66.10

                          S U M M E       154.60
```

Bei der Kodierung wurden folgende neue COBOL-Anweisungen verwendet:

B.7.1. Kommentare (REMARKS)

In der IDENTIFICATION DIVISION ist nur die PROGRAM-ID-Karte zwingend vorgeschrieben. Es dürfen noch weitere Karten folgen, die jedoch nur der Programmbeschreibung dienen und keinen Einfluß auf den Ablauf des Programms haben.

Eine dieser Karten hat folgendes Format:

REMARKS. Weiterer Text.

Das Wort REMARKS muß am A-Rand beginnen. Der weitere beliebige Text kann sich auch über mehrere Lochkarten erstrecken und wird mit einem Punkt abgeschlossen.

B.7.2. CONFIGURATION SECTION

Die ENVIRONMENT DIVISION enthält wahlweise die sogenannte CONFIGURATION SECTION.

Diese umfaßt zwei Angaben:

1. Die Beschreibung des Computers, auf dem das symbolische COBOL-Programm umgewandelt wird.

   Format der Anweisung:

SOURCE-COMPUTER. Modellangabe.

2. Die Beschreibung des Computers, auf dem das Objekt-Programm abläuft.

   Format der Anweisung:

OBJECT-COMPUTER. Modellangabe.

Die genaue Form der Modellangabe entnimmt man jeweils den Handbüchern der Computerhersteller.

Die CONFIGURATION SECTION wird meist nur dann verwendet, wenn die Umwandlung und die Durchführung auf verschiedenen Anlagen durchgeführt werden.

B.7.3. RESERVE-Eintragung

Die RESERVE-Eintragung hat folgendes Format:

$$\text{RESERVE} \begin{Bmatrix} \text{NO} \\ 1 \end{Bmatrix} \text{ALTERNATE AREA.}$$

ALTERNATE AREA sind Wahlwörter.

Diese Eintragung ist ein Bestandteil des SELECT-Satzes. Es gibt noch weitere Eintragungen im SELECT-Satz, die in beliebiger Reihenfolge stehen können, aber hier nicht beschrieben werden.

Durch die RESERVE-Eintragung kann man wahlweise für jeden Ein- bzw. Ausgabebereich einen zweiten, gleich großen Bereich im Hauptspeicher reservieren.

Dadurch wird eine zeitliche Überlappung der Ein- bzw. Ausgabe und der sonstigen Programmdurchführung erreicht.

Die Karteneingabe soll diesen Vorgang als BEISPIEL illustrieren:

> Wenn ein zusätzlicher Einlesebereich reserviert wurde, so wird bereits durch die OPEN-Anweisung des Programms die erste Lochkarte in den ersten Bereich eingelesen!
>
> Der erste READ-Befehl stellt den bereits gelesenen Satz für die weitere Arbeit zur Verfügung, und es wird gleichzeitig das Einlesen der zweiten Karte in den zweiten Lesebereich eingeleitet.
>
> Beim zweiten READ-Befehl wird der bereits im zweiten Bereich gelesene Satz zur Verfügung gestellt und das Lesen der dritten Karte wieder in den ersten Bereich eingeleitet.
>
> So wird mit jedem weiteren READ-Befehl ein bereits vorher gelesener Karteninhalt zur Verfügung gestellt und das Lesen der nächsten Karte in den jeweils anderen Lesebereich eingeleitet.

Zusätzliche Bereiche, in die in zeitlicher Überlappung zu anderen Anweisungen Daten übertragen werden, werden *Puffer* genannt.

Wird die RESERVE-Eintragung weggelassen, so wird *ein* Puffer vom System angenommen.

B.7.4. FORMULARSTEUERUNG

Der SPECIAL-NAMES Paragraph in der Environment Division dient hauptsächlich der Zuweisung von willkürlich gewählten Merknamen zu verschiedenen Ein-Ausgabe-Einheiten. Das Format der Eintragung ist:

```
SPECIAL-NAMES.
            Funktionsname IS Merkname.
           [Funktionsname IS Merkname]
            ..........               .
```

Als Funktionsnamen für die verschiedenen Ein-Ausgabe-Einheiten kommen folgende Begriffe in Frage:

> SYSLST (Drucker), SYSPUNCH (Stanzer), SYSIPT (meist Kartenleser), CONSOLE, C01 bis C12 (Kanallochung 1 bis 12 des Vorschublochbandes).

Im SPECIAL-NAMES Paragraph darf auch noch die Eintragung

```
DECIMAL-POINT IS COMMA
```

gemacht werden. Dadurch wird in allen PICTURE-Eintragungen die Rolle des Punktes und des Kommas ausgetauscht!

Eine typische Anwendung eines Merknames im Programm zeigt folgendes Beispiel:

```
WRITE DBER AFTER ADVANCING 1 LINES AT END-OF-
                                          PAGE
WRITE DBER AFTER ADVANCING NEUSEIT.
```

Da die END-OF-PAGE-Eintragung die Abfrage des Kanals 12 am Vorschublochband veranlaßt, bedeutet dieser Befehl folgendes: Schreibe den Druckbereich nach einzeiligem Vorschub, wenn jedoch das Seitenende (= Kanal 12) erreicht ist, dann schreibe nach dem Vorschub NEUSEIT. Im Beispiel B.7.1 wurde NEUSEIT der Funktionsname CØ1 zugewiesen, daher wird bei Seitenende bis zur Lochung im Kanal 1 des Vorschublochbandes vorgeschoben.

B.7.5. Überlagern von Feldern (REDEFINES)

Der Zweck einer REDEFINES-Eintragung ist die Einteilung ein und desselben Bereiches im Hauptspeicher in verschiedene Feldstrukturen.

Es kann z. B. ein 30stelliger Bereich sowohl in 3 je 10stellige Felder mit den Namen A, B und C als auch in 2 Felder X, Y mit den Längen 25 bzw. 5 Bytes unterteilt werden (s. Abb. 4).

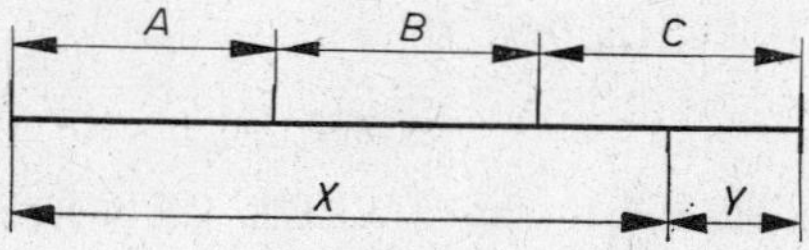

Abb. 4

Eine Überlagerung mit noch weiteren Strukturen wäre möglich.

Im Beispiel B. 7.1 wurde sowohl der Lese- als auch der Druckbereich *redefiniert.*

Besonders beim Lesebereich wird der Sinn und Zweck der Redefinition erkennbar. Laut Angabe sind die Kartenarten 1 bzw. 2 verschieden strukturiert. Es ist daher naheliegend, auch den Lesebereich mit Ausnahme der ersten Stelle (= KA) dem Kartenaufbau anzupassen. So wurde der Bereich BER1 in die Felder NAME und WERT unterteilt. Der *gleiche* Bereich wurde mit dem Namen BER2 versehen und in die Felder TITEL und FILLER unterteilt. Wir können daher nach Abfrage der Kartenart entweder zum NAMEN und WERT bzw. dem TITEL zugreifen.

Entsprechend der gewünschten Liste wurde auch der Druckbereich zweimal redefiniert.

Das Beispiel zeigt das Format der Eintragung:

Stufennummer Bereich1 REDEFINES Bereich2.

Bei Anwendung der REDEFINES-Eintragung ist insbesondere zu beachten:

1. Die Eintragung muß gleich nach der vollkommenen Beschreibung des Bereich1 mit dessen Stufennummer geschrieben werden.
2. REDEFINES darf nicht bei der Stufennummer Ø1 verwendet werden!
3. Überlagernde Felder dürfen verschiedenartige PICTURE-Eintragungen haben (numerisch und nichtnumerisch).
4. Keiner der verwendeten Feldnamen darf eine VALUE-Eintragung haben.

ÜBUNGEN

B.7.01 Der Bereich

```
Ø2  BER.
    Ø3  TAG PICTURE 99.
    Ø3  MONAT PICTURE X(9).
    Ø3  JAHR PICTURE 9(4).
```

soll so redefiniert werden, daß er die beiden Felder

```
A  PICTURE X(7).
B  PICTURE 9(8).
```

enthält.

B.7.02 Ist im Beispiel B.7.1 die VALUE ZERO-Eintragung im Feld SUMME notwendig?

B.7.03 Beispiel B.7.1 ist so zu ändern, daß am Ende noch die Gesamtsumme aller Werte ausgedruckt wird.

B.7.04 Beispiel B.7.1 ist so zu ändern, daß nach jeder TITEL-Zeile eine Leerzeile gedruckt wird.

B.7.6. Stufennummer 88

Die Stufennummer 88 definiert einen sogenannten *Bedingungsnamen.*

> Ein *Bedingungsname* ist der Name für einen bestimmten Wert, der in einem Feld stehen kann.
>
> Format der Eintragung:
>
> 88 Bedingungsname VALUE IS Literal.

BEISPIELE

```
Ø2  ERDTEIL  PICTURE 9.
    88  EUROPA VALUE IS 1.
    88  AFRIKA VALUE IS 2.
    88  AMERIKA VALUE IS 3.
```

Diese Eintragung bedeutet, daß in einem einstelligen numerischen Feld mit dem Namen ERDTEIL die Werte 1, 2 oder 3 vorkommen können. Diesen Werten werden die Bedingungsnamen EUROPA, AFRIKA bzw. AMERIKA zugewiesen.

Zweck dieser Zuordnung ist eine verständlichere Programmierung in der PROCEDURE DIVISION. Wir können z. B. statt

IF ERDTEIL = 2 GO TO ... usw. ...

den klareren Ausdruck

IF AFRIKA GO TO ... usw. ...

schreiben.

Es wird also eine Gleichheitsbedingung durch ein einziges Wort ausgedrückt.

B.7.2 Gegeben sind Karten:

Spalte	*Feldinhalt*	*Feldname*
1—2Ø	Name	NAME
21	Arbeitsschicht	SCHICHT
22—27	Grundgehalt	GRUNDGEHALT

Im Feld SCHICHT wird die Tag- bzw. Abend- bzw. Nachtschicht durch die Ziffern 1 bzw. 2 bzw. 3 verschlüsselt. Der Druckbereich ist wie folgt gegliedert:

FELD1	FELD2	FELD3	GEHALT
1—2Ø	26—45	51—7Ø	78—84

Pro Karte wird eine Zeile gedruckt, wobei je nach Arbeitsschicht der Name in FELD1 bzw. FELD2 bzw. FELD3 übertragen wird. Der Grundgehalt wird in den beiden letzteren Fällen mit 1,5 bzw. 2 multipliziert und im Feld GEHALT ausgegeben. Im Fall der Tagschicht wird der Grundgehalt nach GEHALT übertragen.

Kodierung:

```
IDENTIFICATION DIVISION.
PROGRAM-ID. BEIB72.
REMARKS.
        EIN BEISPIEL, DAS DIE
    VERWENDUNG VON BEDINGUNGS-
    NAMEN (STUFENNUMMER 88)
    ZEIGEN SOLL.
```

```
ENVIRONMENT DIVISION.
INPUT-OUTPUT SECTION.
FILE-CONTROL.
    SELECT KARTE ASSIGN TO
        SYS008-UR-2501-S.
    SELECT DRUCKER ASSIGN TO
        SYS007-UR-1403-S.
DATA DIVISION.
FILE SECTION.
FD  KARTE
    RECORDING F
    LABEL RECORD OMITTED
    DATA RECORD EBER.
01  EBER.
    02 NAME       PICTURE X(20).
    02 SCHICHT    PICTURE 9.
        88  TAG    VALUE IS 1.
        88  ABEND  VALUE IS 2.
        88  NACHT  VALUE IS 3.
    02  GRUNDGEHALT PICTURE 9(4)V99.
FD  DRUCKER
    RECORDING F
    LABEL RECORD OMITTED
    DATA RECORD DBER.
01  DBER.
    02  FELD1    PICTURE X(20).
    02  FILLER   PICTURE X(5).
    02  FELD2    PICTURE X(20).
    02  FILLER   PICTURE X(5).
    02  FELD3    PICTURE X(20).
    02  FILLER   PICTURE X(7).
    02  GEHALT   PICTURE ZZZ9.99.
PROCEDURE DIVISION.
ANF.
    OPEN INPUT KARTE OUTPUT DRUCKER.
1.
    READ KARTE AT END GO TO 2.
    MOVE SPACE TO DBER.
    IF TAG MOVE NAME TO FELD1,
        MOVE GRUNDGEHALT TO GEHALT.
    IF  ABEND MOVE NAME TO FELD2,
        MULTIPLY GRUNDGEHALT BY 1.5
        GIVING GEHALT.
```

```
          IF  NACHT MOVE NAME TO FELD3,
              MULTIPLY  GRUNDGEHALT BY 2
              GIVING GEHALT.
          WRITE DBER.
          GO TO 1.
      2.
          CLOSE KARTE DRUCKER. STOP RUN.
```

B.8. MEHRFACHE INDIZIERUNG (OCCURS-EINTRAGUNG)

Im Kapitel A.8. haben wir gesehen, wie man durch die OCCURS-Eintragung eine größere Anzahl von Feldern gleichen Formats in einer Zeile definieren kann. Man nennt eine solche Struktur auch eine *Tabelle* oder — nicht ganz exakt — einen *Vektor*.

Es ist nun möglich, sogenannte *mehrdimensionale Tabellen* durch wiederholte OCCURS-Eintragung zu definieren.

BEISPIEL

```
Ø1 TABELLE.
   Ø2 MONAT OCCURS 12.
   Ø3 TAGE OCCURS 31 PICTURE 999.
```

Durch diese Definition werden im Hauptspeicher 12 Bereiche festgelegt, und jeder dieser Bereiche ist wieder in 31 dreistellige numerische Felder unterteilt. Insgesamt sind demnach $12 \times 31 = 372$ dreistellige Felder definiert.

Im Programm werden diese Felder durch eine zweifache Indizierung angesprochen. So bedeutet z. B.

TAGE (4, 17)

daß im 4. MONAT das 17. TAGE-Feld angesprochen wird. Selbstverständlich kann als Index wieder ein Feldname verwendet werden, z. B.:

TAGE (MON, TAG)

Bevor obiger Ausdruck gebraucht wird, muß im Feld MON ein ganzzahliger Wert aus dem Intervall 1 bis 12 und im Feld TAG ein Wert von 1 bis 31 gespeichert werden.

Obwohl alle Felder einer mehrdimensionalen Tabelle im Hauptspeicher nebeneinander angeordnet sind, kann der Programmierer, insbesondere im Fall der zweidimensionalen Tabelle, sich die Felder der Länge und Breite nach angeordnet denken (siehe Abb. 5).

	1. TAG	2. TAG		31. TAG
1. MONAT	TAGE(1,1)	....		TAGE(1,31)
2. MONAT	....			....
12. MONAT	TAGE(12,1)	....		TAGE(12,31)

Abb. 5

Im Kapitel A.9. haben wir gesehen, daß eine eindimensionale Tabelle durch die PERFORM-VARYING-Eintragung sehr übersichtlich verarbeitet werden konnte. Es gibt nun eine Erweiterung der PERFORM-VARYING-Eintragung, die eine analoge Verarbeitung für mehrdimensionale Tabellen gestattet. Dies sei näher erläutert in

BEISPIEL

B.8.1 In einem Betrieb sind 18 Kostenstellen. Auf jede dieser Kostenstellen entfallen 16 Kostenarten. Die Kosten werden in Lochkarten festgehalten.

Spalte	*Feldinhalt*	*Feldname*
1—2	Nr. der Kostenstelle	STELLE
3—4	Nr. der Kostenart	ART
5—8	Kosten	KOSTEN

Die Karten sind unsortiert, und es soll in einer Zeile die Summe der Kostenarten pro Kostenstelle ausgedruckt werden.

Wir definieren eine zweidimensionale TABELLE von 18 × 16 Feldern. Gleich zu Beginn des Programms müssen diese Felder (KOART (I, J)) auf Null gesetzt werden. Dies geschieht durch die Anweisung:

```
PERFORM LOESCH VARYING I FROM 1 BY 1
                               UNTIL I > 18
AFTER J FROM 1 BY 1 UNTIL J > 16.
```

In freier Übersetzung bedeutet diese Anweisung:

„Führe das Unterprogramm LOESCH mit folgenden verschiedenen Indexwerten durch“:

(1, 1) (1, 2) (1, 3) ... (1, 16)
(2, 1) (2, 2) (2, 3) ... (2, 16)
(3, 1) (3, 2) ....
....
(18, 1) (18, 2) .... (18, 16)

Wir sehen, daß der zweite Index (J) von 1 ausgehend immer um 1 erhöht wird, bis er die angegebene Bedingung (J > 16) erreicht hat. Dann wird er auf 1 zurückgestellt, und es wird der erste Index (I) um 1 erhöht. Dies wiederholt sich so lange, bis auch die zweite Bedingung (I > 18) erreicht ist. Das Unterprogramm wird also in unserem Fall 18 × 16 = 288mal durchlaufen. Durch LOESCH werden demnach die 288 Felder, aus denen die TABELLE besteht, mit Nullen gefüllt. Auch die Summenfelder müssen gelöscht werden.

Anschließend werden die Karten eingelesen, wobei durch STELLE und ART gegeben ist, in welches Feld die KOSTEN addiert werden.

Nach dem Einlesen der letzten Karte wird zum Paragraph ARBEIT verzweigt. Eine analog aufgebaute PERFORM-Eintragung addiert die gespeicherten Kosten in Summenfelder (SUMM (I)). Für jede Kostenstelle ist ein derartiges Feld definiert. Zuletzt werden die Summenfelder in den Druckbereich übertragen und ausgedruckt.

Man beachte noch, daß für das Unterprogramm

```
STEL-SUM.
        ADD KOART (I, J) TO SUMM (I).
```

der Index J unbedingt rascher laufen muß als der Index I. In der zugehörigen PERFORM-Anweisung muß daher

```
... VARYING I ..... AFTER J ....
```

kodiert werden.

Gerade das zeilen- bzw. spaltenweise Summieren von zweidimensionalen Tabellen gehört zu den wichtigsten Anwendungen der Tabellenverarbeitung.

Kodierung:

```
IDENTIFICATION DIVISION.
PROGRAM-ID. BEI881.
ENVIRONMENT DIVISION.
INPUT-OUTPUT SECTION.
```

```
FILE-CONTROL.
     SELECT KARTE ASSIGN TO
         SYS008-UR-2501-S.
     SELECT DRUCKER ASSIGN TO
         SYS007-UR-1403-S.
DATA DIVISION.
FILE SECTION.
FD  KARTE
    RECORDING F
    LABEL RECORD OMITTED  ,
    DATA RECORD EBER.
01  EBER.
    02  STELLE  PICTURE 99.
    02  ART     PICTURE 99.
    02  KOSTEN  PICTURE 9(4).
FD  DRUCKER
    RECORDING F
    LABEL RECORD OMITTED
    DATA RECORD DBER.
01  DBER.
    02  D-SUM PICTURE ZZZZ9 OCCURS 18.
WORKING-STORAGE SECTION.
77  I PICTURE 99 COMPUTATIONAL.
77  J PICTURE 99 COMPUTATIONAL.
01  TABELLE.
    02  KOSTEL  OCCURS 18.
      03 KOART OCCURS 16 PIC 9(4).
01  SUMME.
    02  SUMM PIC 9(5) OCCURS 18.
PROCEDURE DIVISION.
    OPEN INPUT KARTE OUTPUT DRUCKER.
    PERFORM LOESCH VARYING I FROM 1 BY 1
        UNTIL I > 18 AFTER J FROM
        1 BY 1 UNTIL J > 16.
    PERFORM LOESCH1 VARYING I FROM
        1 BY 1 UNTIL I > 18.
LESEN.
    READ KARTE AT END GO TO ARBEIT.
    MOVE STELLE TO I.
    MOVE ART    TO J.
    ADD KOSTEN TO KOART (I, J).
    GO TO LESEN.
```

```
ARBEIT.
    PERFORM STEL-SUM VARYING I FROM
        1 BY 1 UNTIL I > 18  AFTER J
        FROM 1 BY 1 UNTIL J > 16.
    PERFORM AUFBEREIT VARYING I
        FROM 1 BY 1 UNTIL I > 18.
    WRITE DBER.
    CLOSE KARTE DRUCKER. STOP RUN.
LOESCH.
    MOVE ZERO TO KOART (I, J).
STEL-SUM.
    ADD KOART (I, J) TO SUMM (I).
LOESCH1.
    MOVE ZERO TO SUMM (I).
AUFBEREIT.

    MOVE SUMM (I) TO D-SUM (I).
```

ÜBUNG

B.8.01 Gegeben sind Lochkarten, die nicht sortiert sind:

Spalte	*Feldinhalt*	*Feldname*
1—2	Kostenart	ART
3—4	Kostenstelle	STELLE
5—9	Betrag	BETRAG

Es werden 30 Kostenarten und 70 Kostenstellen angenommen.

Gesucht ist eine Liste nach folgendem Muster:

Kostenart	*Kostenstelle*	*Beträge Summen*	*Konstante*
1Ø—11	14—15	18—26	29—43
Ø1	Ø1	2.856,7Ø	
	Ø2	384,9Ø	
	Ø3	1.389,2Ø	
		4.63Ø,8Ø	SUMME KOSTENART

Ø2	Ø1	245,6Ø	
	Ø2	2.734,4Ø	
	Ø7	1.924,6Ø	
		4.9Ø4,6Ø	SUMME KOSTENART
Ø3	Ø9	348,21	
	usw.	usw.	

Bei COBOL sind maximal 3 Stufen der Indizierung erlaubt. Das heißt, die OCCURS-Eintragung darf bei aufsteigenden Stufennummern dreimal hintereinander verwendet werden.

BEISPIEL

```
Ø1 STRUCTUR.
   Ø2 MATRIX OCCURS 5.
   Ø3 VECTOR OCCURS 3.
   Ø4 ELEMENT OCCURS 4 PICTURE S99.
```

Man spricht in diesem Fall von einer *dreidimensionalen Tabelle* bzw. von einer *dreifach indizierten Variablen.* Es sind durch obige Anweisungen $5 \times 3 \times 4 = 60$ zweistellige Felder definiert. Diese werden in der Form

ELEMENT (I, J, K)

angesprochen. I, J, K sind die Indizes, welche der Reihe nach nur die Werte 1—5, 1—3 und 1—4 annehmen dürfen.

B.9. UNTERPROGRAMME — MODULARES PROGRAMMIEREN

In der Unterprogrammtechnik gibt es zwei grundlegend verschiedene Anwendungsmöglichkeiten.

Im Kapitel A.9. wurde das Unterprogramm als bestimmte Paragraphenfolge dem Hauptprogramm eingegliedert. Die Umwandlung erfolgt daher gemeinsam in *einem* Kompilierungsvorgang.

Es kann jedoch vorkommen, daß ein gewisses Unterprogramm (z. B. das Ziehen der Quadratwurzel) in vielen *verschiedenen* Hauptprogrammen benötigt wird. Aus diesem Grund wurde eine Technik entwickelt, die es gestattet, Haupt- und Unterprogramm völlig getrennt zu programmieren und ebenso getrennt umzuwandeln. Die umgewandelten Programme können dann in getrennten Kartendecks ausgestanzt oder getrennt in der *Programmbibliothek* (etwa auf einer Magnetplatte) gespeichert werden.

Das einmal umgewandelte Unterprogramm kann jetzt von beliebigen unabhängigen Hauptprogrammen aufgerufen werden.

Diese physische Trennung von Haupt- und Unterprogramm bietet aber noch weitere Vorteile.

Die Ausarbeitung eines sehr umfangreichen Programms (wie es in der Praxis meistens auftritt) macht es wünschenswert, daß mehrere Programmierer mit der Arbeit beschäftigt werden. Man zerlegt daher — fast könnte man sagen mutwillig — das Programm in ein Hauptprogramm und mehrere Unterprogramme. Diese werden dann eindeutig beschrieben und von verschiedenen Personen programmiert, umgewandelt und getestet. Es kann ein Unterprogramm hiebei selbst wieder ein weiteres Unterprogramm aufrufen.

Wird ein Programm in Unterprogramme zerlegt, die getrennt umgewandelt werden, so nennt man die einzelnen Teile auch *Module* und das Erarbeiten derselben *modulares Programmieren.*

In fast jeder Programmiersprache gibt es die Möglichkeit des modularen Programmierens.

In COBOL gelten hiefür folgende Formalregeln:

Im Hauptprogramm:

Das Aufrufen des Unterprogramms (des Moduls) geschieht durch den Befehl:

```
CALL 'Unterprogrammname' USING Feldnamen, ...., .
```

Der Unterprogrammname ist ein nichtnumerisches Literal und steht daher zwischen Hochkommas. Nur die ersten 8 Zeichen werden jedoch zur Identifikation des aufgerufenen Programms verwendet.

Neben dem Wort USING stehen alle jene Feld- bzw. Bereichsnamen, die Daten für das Unterprogramm bereithalten bzw. vom Unterprogramm entgegennehmen. Diese Namen müssen in der DATA DIVISION in der üblichen Form definiert werden.

Im Unterprogramm:

Das Unterprogramm ist, da es ja getrennt vom Hauptprogramm umgewandelt wird, ganz analog einem üblichen COBOL-Programm aufgebaut. Insbesondere ist die Einteilung in die vier DIVISIONS zwingend vorgeschrieben.

Die DATA DIVISION enthält jedoch zusätzlich die sogenannte LINKAGE SECTION.

Die PROCEDURE DIVISION beginnt und endet mit folgenden Anweisungen:

```
ENTRY 'Unterprogrammname' USING Feldnamen,...,.
..........
Anweisungen
.....................
GOBACK.
```

Die Feld- bzw. Bereichsnamen neben dem Wort USING beziehen sich auf dieselben Felder bzw. Bereiche, die im Hauptprogramm angegeben wurden. Sie können, müssen jedoch nicht die gleichen Namen tragen! Es werden also oftmals vom Haupt- und vom Unterprogramm dieselben Felder unter verschiedenen Namen angesprochen.

Die im Unterprogramm neben dem Wort USING gewählten Namen müssen zusätzlich im Unterprogramm in der LINKAGE SECTION beschrieben werden. Durch diese Beschreibung wird kein zusätzlicher Hauptspeicherplatz vergeben, sondern nur die Doppelbenennung der gleichen Felder zum Ausdruck gebracht.

BEISPIEL

B.9.1 Gegeben sind Karten:

Spalte	*Feldinhalt*	*Feldname*
1—3	beliebige ganze Zahl	NR1
4—6	,, ,, ,,	NR2
7—9	,, ,, ,,	NR3
1∅—12	,, ,, ,,	NR4

Gesucht ist eine Liste mit 5 Spalten. In den ersten 4 Spalten werden, durch je 3 Leerstellen getrennt, die eingelesenen Zahlen ausgedruckt. In der 5. Spalte wird nach weiteren 6 Leerstellen die größte der nebenstehenden 4 Zahlen noch einmal angeschrieben.

Außer den üblichen Übertragungsbefehlen muß in diesem Programm das Maximum von 4 Zahlen gesucht werden. Diese Prozedur soll in einem Unterprogramm mit dem Namen MAX-SUCH durchgeführt werden.

Kodierung des Hauptprogramms:

```
IDENTIFICATION DIVISION.
PROGRAM-ID. BEIB91.
ENVIRONMENT DIVISION.
INPUT-OUTPUT SECTION.
FILE-CONTROL.
    SELECT KARTE ASSIGN TO
        SYS008-UR-2501-S.
    SELECT DRUCKER ASSIGN TO
        SYS007-UR-1403-S.
DATA DIVISION.
FILE SECTION.
FD  KARTE
    RECORDING F
    LABEL RECORD OMITTED
    DATA RECORD EBER.
01  EBER.
    02  NR1 PICTURE 999.
    02  NR2 PICTURE 999.
    02  NR3 PICTURE 999.
    02  NR4 PICTURE 999.
```

```
FD  DRUCKER
    RECORDING F
    LABEL RECORD OMITTED
    DATA RECORD DBER.
01  DBER.
    02  DNR1    PICTURE ZZ9.
    02  FILLER  PICTURE XXX.
    02  DNR2    PICTURE ZZ9.
    02  FILLER  PICTURE XXX.
    02  DNR3    PICTURE ZZ9.
    02  FILLER  PICTURE XXX.
    02  DNR4    PICTURE ZZ9.
    02  FILLER  PICTURE X(6).
    02  DMAX    PICTURE ZZ9.
WORKING-STORAGE SECTION.
77  MAXI  PICTURE 999.
PROCEDURE DIVISION.
    OPEN INPUT KARTE OUTPUT DRUCKER.
ANF.
    READ KARTE AT END GO TO FINE.
    CALL  'MAX-SUCH' USING NR1 NR2
        NR3 NR4 MAXI.
    MOVE SPACE TO DBER.
    MOVE NR1 TO DNR1.
    MOVE NR2 TO DNR2.
    MOVE NR3 TO DNR3.
    MOVE NR4 TO DNR4.
    MOVE MAXI TO DMAX.
    WRITE DBER.
    GO TO ANF.
FINE.
    CLOSE KARTE DRUCKER. STOP RUN.
```

Kodierung des Unterprogramms:

```
IDENTIFICATION DIVISION.
PROGRAM-ID. UNTPROG.
ENVIRONMENT DIVISION.
DATA DIVISION.
LINKAGE SECTION.
```

```
77  MAXI  PICTURE 999.
77  A     PICTURE 999.
77  B     PICTURE 999.
77  C     PICTURE 999.
77  D     PICTURE 999.
PROCEDURE DIVISION.
    ENTRY 'MAX-SUCH' USING A B C D MAXI.
    MOVE A TO MAXI.
    IF B > MAXI MOVE B TO MAXI.
    IF C > MAXI MOVE C TO MAXI.
    IF D > MAXI MOVE D TO MAXI.
    GOBACK.
```

Ein Musterausdruck des Programms:

```
 23    57    36    28      57
123   524   302   179     524
 63   124    85    83     124
135   368   473   691     691
  3     5     6     7       7
372   143    52   159     372
 12     8   524    19     524
```

Beachte:

Der Name des Unterprogramms, nämlich 'MAX-SUCH', ist in der ENTRY-Anweisung zu finden. Der Name in der PROGRAM-ID.-Karte ist davon unabhängig und kann völlig frei gewählt werden.

Wir bemerken:

Die Felder NR1, NR2, NR3, NR4 und MAXI werden im Hauptprogramm definiert und an das Unterprogramm übergeben. Im Unterprogramm heißen dieselben Felder der Reihe nach: A, B, C, D und MAXI. Die Reihenfolge dieser Namen neben dem Wort USING in Haupt- und Unterprogramm ist wesentlich für die Zuordnung. So bedeuten hier NR1 und A zwei verschiedene Namen für das gleiche Feld usw. Der Name MAXI wurde beibehalten. Man beachte, daß die Namen A, B, C, D und MAXI in der LINKAGE SECTION des Unterprogramms beschrieben werden müssen und daß die Beschreibung mit den Formaten im Hauptprogramm übereinstimmt.

Schlußbemerkung

In diesem Buch wurden Band- bzw. Plattenverarbeitungen nicht behandelt.

Daß man aber die Behandlung von externen Speichern fast stufenlos aus den bisherigen Kenntnissen aufbauen kann, soll das folgende, abschließende Beispiel anschaulich machen:

BEISPIEL

Aus je zwei aufeinanderfolgenden Karten soll ein Satz zusammengestellt werden (aus der 2. Karte werden nur 45 Stellen benötigt), der seriell auf eine Platte ausgegeben wird. Ferner soll ein Protokoll geschrieben werden.

```
IDENTIFICATION DIVISION.
PROGRAM-ID. DAT.
ENVIRONMENT DIVISION.
INPUT-OUTPUT SECTION.
FILE-CONTROL.
    SELECT KARTE ASSIGN TO
        SYS008-UR-2501-S.
    SELECT LISTE ASSIGN TO
        SYS007-UR-1403-S.
    SELECT PLATTE ASSIGN TO
        SYS012-UT-3330-S.
DATA DIVISION.
FILE SECTION.
FD  KARTE
    RECORDING F
    DATA RECORD KBER
    LABEL RECORD OMITTED.
01  KBER            PICTURE X(80).
FD  LISTE
    RECORDING F
    DATA RECORD DBER
    LABEL RECORD OMITTED.
01  DBER            PICTURE X(81).
FD  PLATTE
    RECORDING F
    LABEL RECORD STANDARD
    DATA RECORD APLAT
    BLOCK CONTAINS 4 RECORDS.
```

```
01   APLAT.
     02  APLAT-1  PICTURE X(80).
     02  APLAT-2  PICTURE X(45).
PROCEDURE DIVISION.
     OPEN INPUT KARTE OUTPUT LISTE PLATTE.
ANFANG.
     READ KARTE AT END GO TO ENDE.
     MOVE KBER TO DBER, APLAT-1,
          WRITE DBER AFTER 1.
     READ KARTE AT END GO TO ENDE.
     MOVE KBER TO DBER, APLAT-2,
          WRITE DBER AFTER 1.
     WRITE APLAT, GO TO ANFANG.
ENDE.
     CLOSE KARTE LISTE PLATTE STOP RUN.
```

Diese Kodierung zeigt, wie unwesentlich sich der Gesamtaufbau des Programms geändert hat. Dies soll den Leser ermutigen, dieses Buch nicht als Ende seiner Ausbildung anzusehen.

LÖSUNGEN ZU DEN ÜBUNGEN

A.6.01

```
PROCEDURE DIVISION.
          OPEN INPUT KARTEN, OUTPUT DRUCKER.
ANFANG.
          READ KARTEN AT END GO TO ENDE.
          IF ANZ = 0 GO TO BESTELL.
          IF SCHL = 'X' GO TO BESTELL.
          GO TO ANFANG.
BESTELL.
          MOVE SPACES TO DBER.
          MOVE LAGNR TO DLAGNR.
          MOVE ART TO DART.
          WRITE DBER.
          GO TO ANFANG.
ENDE.
          CLOSE KARTEN DRUCKER, STOP RUN.
```

A.6.02

```
PROCEDURE DIVISION.
          OPEN INPUT KARTE OUTPUT DRUCKER.
          MOVE SPACE TO DBER.
          MOVE ZERO TO SUM1.
          MOVE ZERO TO SUM2.
1.        READ KARTE AT END GO TO DRUCK.
          IF KA = 1 ADD ZAHL TO SUM1.
          IF KA = 2 ADD ZAHL TO SUM2.
          GO TO 1.
DRUCK.
          WRITE DBER.
          CLOSE KARTE DRUCKER. STOP RUN.
```

Man beachte besonders, daß nach dem Löschen des Druckbereiches die beiden im Druckbereich befindlichen Rechenfelder (numerische Felder!) auf Null gesetzt werden müssen!

A.6.03 Siehe die Kodierung von Übung *A.6.02.*

Es folgen weitere IF-Anweisungen:

```
.................... IF KA = 3 ADD ZAHL TO SUM3.
                     IF KA = 4 ADD ZAHL TO SUM4.
                     ....................
```

Selbstverständlich müßte im Beschreibungsteil auch der Druckbereich entsprechend erweitert werden.

A.6.04
```
PROCEDURE DIVISION.
        OPEN INPUT KARTE OUTPUT DRUCKER.
        MOVE ZERO TO END-SUM1.
        MOVE ZERO TO END-SUM2.
    1.  MOVE SPACE TO DBER.
        READ KARTE AT END GO TO DRUCK.
        IF KA = '1' MOVE ZAHL TO SUM1,
            ADD ZAHL TO END-SUM1.
        IF KA = '2' MOVE ZAHL TO SUM2,
            ADD ZAHL TO END-SUM2.
        WRITE DBER.
        GO TO 1.
DRUCK.
        MOVE END-SUM1 TO SUM1.
        MOVE END-SUM2 TO SUM2.
        WRITE DBER.
        CLOSE KARTE DRUCKER. STOP RUN.
```

A.6.05 IF WERT < Ø MOVE ZERO TO WERT.
IF WERT > 1Ø AND WERT < 2Ø MOVE ZERO TO WERT.

A.6.06 IF KA NOT EQUAL TO 1 AND KA NOT EQUAL TO 2
MOVE 'FEHLER' TO NACHRICHT.

Man beachte, daß 'FEHLER' ein Literal ist.

A.6.07 IF A > B AND A > C AND A > D MOVE A TO SUMME.
WEITER.

A.6.08 IF A > B OR A > C OR A > D GO TO WEITER ELSE
MOVE A TO SUMME.
WEITER.

A.6.09 Wenn A zwischen 0 und 10 liegt, wird nach DRUCKEN, sonst nach SCHREIBEN verzweigt.

A.6.10 Wenn A positiv ist, wird in beiden Feldern der Inhalt von A, sonst in beiden der Inhalt von B gespeichert. Die zweite Anweisung ist wirkungslos.

A.6.11 Hier gibt es eine Unzahl von Lösungsmöglichkeiten. Es wurden drei verschiedene Varianten kodiert: Man beachte besonders, daß in einer Anweisung (die mit einem Punkt abschließt) mitunter viele Befehle aneinandergereiht werden dürfen.

Variante 1:

```
PROCEDURE DIVISION.
    OPEN INPUT KARTEN, OUTPUT DRUCKER.
ANFANG.
    READ KARTEN AT END GO TO ENDE.
    IF ABTNR LESS THAN 06 OR ABTNR
    GREATER THAN 15 AND ABTNR LESS THAN
     24 NEXT SENTENCE ELSE GO TO ANFANG.
    IF ARTNR LESS THAN 401 NEXT SENTENCE
                      ELSE GO TO ANFANG.
    IF PREIS GREATER THAN 50
         GO TO ANFANG
         ELSE MOVE SPACES TO DBER
         MOVE ABTNR TO DABTNR
               MOVE ARTNR TO DARTNR,
               MOVE ARTBEZ TO DARTBEZ,
               MOVE PREIS TO DPREIS.
    WRITE DBER.
    GO TO ANFANG.
ENDE.
    CLOSE KARTEN DRUCKER, STOP RUN.
```

Variante 2:

```
PROCEDURE DIVISION.
    OPEN INPUT KARTE OUTPUT LISTE.
L.  READ KARTE AT END CLOSE KARTE LISTE
                                STOP RUN.
    MOVE SPACES TO DBER.
    IF ABTNR LESS 6 OR ABTNR GREATER 15
                       AND ABTNR LESS 24
    NEXT SENTENCE
    ELSE GO TO L.
    IF ABTNR LESS 401 NEXT SENTENCE ELSE
       GO TO L.
    IF PREIS NOT GREATER 50.00 NEXT
       SENTENCE ELSE GO TO L.
    MOVE ARTNR TO DARTNR.
    MOVE ABTNR TO DABTNR.
    MOVE ARTBEZ TO DARTBEZ.
    MOVE PREIS TO DPREIS.
    WRITE DBER GO TO L.
```

Variante 3:

```
PROCEDURE DIVISION.
    OPEN INPUT KARTE OUTPUT LISTE.
LESEN. READ KARTE AT END CLOSE KARTE
       LISTE STOP RUN.
    MOVE SPACE TO DBER.
    IF (ABTNR < 24 AND ABTNR > 15
       OR ABTNR < 6) AND ARTNR < 401
       AND PREIS NOT > 50.00 THEN MOVE
       ARTNR TO DARTNR MOVE ABTNR TO
       DABTNR MOVE ARTBEZ TO DARTBEZ
       MOVE PREIS TO DPREIS.
    WRITE DBER.
    GO TO LESEN.
```

A.7.01
```
IDENTIFICATION DIVISION.
PROGRAM-ID. UEBA701.
ENVIRONMENT DIVISION.
INPUT-OUTPUT SECTION.
FILE-CONTROL.
    SELECT KARTE ASSIGN TO
        SYS008-UR-2501-S.
    SELECT DRUCKER ASSIGN TO
        SYS007-UR-1403-S.
DATA DIVISION.
FILE SECTION.
FD  KARTE
    RECORDING F
    LABEL RECORD OMITTED
    DATA RECORD EBER.
01  EBER.
    02 KND-NR PICTURE 9(5).
    02 BETRAG PICTURE 9(5).
FD  DRUCKER
    LABEL RECORD OMITTED
    RECORDING F
    DATA RECORD DBER.
01  DBER.
    02 FILLER PICTURE X(10).
    02 LINKS  PICTURE Z(5).
    02 FILLER PICTURE X(10).
    02 RECHTS PICTURE Z(5).
PROCEDURE DIVISION.
ANF.
    OPEN INPUT KARTE OUTPUT DRUCKER.
SCHLEIFE.
    MOVE SPACES TO DBER.
    READ KARTE AT END GO TO ENDE.
    IF BETRAG <  1000  GO TO 1.
    MOVE BETRAG TO RECHTS.
    GO TO DRUCK.
1.  MOVE BETRAG TO LINKS.
DRUCK.
    WRITE DBER.
    GO TO SCHLEIFE.
ENDE.
    CLOSE KARTE  DRUCKER. STOP RUN.
```

A.7.02

```
IDENTIFICATION DIVISION.
PROGRAM-ID. UEBA702.
ENVIRONMENT DIVISION.
INPUT-OUTPUT SECTION.
FILE-CONTROL.
    SELECT KARTE ASSIGN TO
        SYS008-UR-2501-S.
    SELECT DRUCKER ASSIGN TO
        SYS007-UR-1403-S.
DATA DIVISION.
FILE SECTION.
FD  KARTE RECORDING F
    LABEL RECORD OMITTED.
01  EBER.
    02  KND-NR PICTURE 9(5).
    02  BETRAG PICTURE 9(5).
FD  DRUCKER
    RECORDING F
    LABEL RECORD OMITTED
    DATA RECORD DBER.
01  DBER.
    02  FILLER PICTURE X(10).
    02  LINKS    PICTURE Z(5).
    02  FILLER PICTURE X(10).
    02  RECHTS PICTURE Z(5).
WORKING-STORAGE SECTION.
77  K-RECHTS  PICTURE 9(5), VALUE ZERO.
77  K-LINKS   PICTURE 9(5), VALUE ZERO.
PROCEDURE DIVISION.
    OPEN INPUT KARTE OUTPUT DRUCKER.
1.  READ KARTE AT END GO TO ENDE.
    MOVE SPACES TO DBER.
    IF BETRAG < 1000 GO TO 2.
    IF KND-NR = K-RECHTS GO TO 1.
    MOVE KND-NR TO RECHTS.
    MOVE KND-NR TO K-RECHTS.
3.  WRITE DBER.
    GO TO 1.
2.  IF KND-NR = K-LINKS GO TO 1.
    MOVE KND-NR TO LINKS.
    MOVE KND-NR TO K-LINKS.
    GO TO 3.
ENDE.
    CLOSE KARTE DRUCKER. STOP RUN.
```

A.7.03

```
IDENTIFICATION DIVISION.
PROGRAM-ID. UEBA703.
ENVIRONMENT DIVISION.
INPUT-OUTPUT SECTION.
FILE-CONTROL.
    SELECT KARTE ASSIGN TO
        SYS008-UR-2501-S.
    SELECT DRUCKER ASSIGN TO
        SYS007-UR-1403-S.
DATA DIVISION.
FILE SECTION.
FD  KARTE
    RECORDING F
    LABEL RECORD OMITTED
    DATA RECORD EBER.
01  EBER.
    02  KND-NR PICTURE 9(5).
    02  BETRAG PICTURE 9(5).
FD  DRUCKER
    RECORDING F
    LABEL RECORD OMITTED
    DATA RECORD DBER.
01  DBER.
    02  DKND     PICTURE 9(5).
    02  FILLER   PICTURE X(10).
    02  DSUM     PICTURE Z(10).
WORKING-STORAGE SECTION.
77  SUMM PICTURE 9(10).
77  N    PICTURE 999.
77  SPEICH PICTURE 9(5).
PROCEDURE DIVISION.
    OPEN INPUT KARTE OUTPUT DRUCKER.
LESEN.
    READ KARTE AT END GO TO ENDE.
NEU.
    MOVE KND-NR TO SPEICH.
    MOVE SPACES TO DBER.
    MOVE ZEROES TO SUMM.
    MOVE ZEROES TO N.
1.  ADD BETRAG TO SUMM.
    ADD 1 TO N.
    READ KARTE AT END GO TO ENDE.
```

```
        IF KND-NR = SPEICH GO TO 1.
        MOVE SPEICH TO DKND.
        DIVIDE N INTO SUMM GIVING DSUM.
        WRITE DBER.
        GO TO NEU.
    ENDE.
        MOVE SPEICH TO DKND.
        DIVIDE N INTO SUMM GIVING DSUM.
        WRITE DBER.
        CLOSE KARTE DRUCKER. STOP RUN.
```

A.7.04

```
    IDENTIFICATION DIVISION.
    PROGRAM-ID. UEBA704.
    ENVIRONMENT DIVISION.
    INPUT-OUTPUT SECTION.
    FILE-CONTROL.
        SELECT KARTE ASSIGN TO
            SYS008-UR-2501-S.
        SELECT DRUCKER ASSIGN TO
            SYS007-UR-1403-S.
    DATA DIVISION.
    FILE SECTION.
    FD  KARTE
        RECORDING F
        LABEL RECORD OMITTED
        DATA RECORD EBER.
    01  EBER.
        02  KND-NR   PICTURE 9(5).
        02  BETRAG   PICTURE 9(5).
    FD  DRUCKER
        LABEL RECORD OMITTED
        RECORDING F
        DATA RECORD DBER.
    01  DBER.
        02  DKND     PICTURE 9(5).
        02  FILLER   PICTURE X(5).
        02  ZAHL     PICTURE 999.
        02  FILLER   PICTURE X(7).
        02  SUMM     PICTURE 9(8).
    WORKING-STORAGE SECTION.
```

```
77  SPEICH PICTURE 9(5).
PROCEDURE DIVISION.
    OPEN INPUT KARTE OUTPUT DRUCKER.
LESEN.
    READ KARTE AT END GO TO SCHLUSS.
1.  MOVE KND-NR TO SPEICH.
    MOVE SPACES TO DBER.
    MOVE ZERO TO SUMM.
    MOVE ZERO TO ZAHL.
2.  ADD BETRAG TO SUMM.
    ADD 1 TO ZAHL.
    READ KARTE AT END GO TO SCHLUSS.
    IF KND-NR = SPEICH GO TO 2.
    MOVE SPEICH TO DKND.
    WRITE DBER.
    GO TO 1.
SCHLUSS.
    MOVE SPEICH TO DKND.
    WRITE DBER.
    CLOSE KARTE DRUCKER. STOP RUN.
```

A.7.05

```
IDENTIFICATION DIVISION.
PROGRAM-ID. UEBA705.
ENVIRONMENT DIVISION.
INPUT-OUTPUT SECTION.
FILE-CONTROL.
    SELECT KARTE ASSIGN TO
        SYS008-UR-2501-S.
    SELECT DRUCKER ASSIGN TO
        SYS007-UR-1403-S.
DATA DIVISION.
FILE SECTION.
FD  KARTE
    LABEL RECORD OMITTED
    RECORDING F
    DATA RECORD EBER.
01  EBER.
    02  ELB.
        03  KA PICTURE X.
        03  REST PICTURE X(31).
```

```
FD  DRUCKER
    RECORDING F
    LABEL RECORD OMITTED
    DATA RECORD ZEILE.
    01  ZEILE.
    02  STEUER PICTURE X.
    02  DBER.
    03  FILLER PICTURE X.
    03  BEZL PICTURE X(31).
    03  BEZR PICTURE X(31).
WORKING-STORAGE SECTION.
77  SCHALTER PICTURE A.
PROCEDURE DIVISION.
ANFANG.
    OPEN INPUT KARTE, OUTPUT DRUCKER.
    MOVE SPACE TO ZEILE.
    MOVE 'UEBERSICHTSTABELLE' TO DBER.
    WRITE ZEILE AFTER 1.
A0. MOVE SPACE TO ZEILE.
    MOVE 'L' TO SCHALTER.
LES. READ KARTE AT END GO TO A4.
    IF KA EQUAL TO '6' GO TO A1.
    IF SCHALTER EQUAL TO 'L' GO TO A2.
    MOVE REST TO BEZR.
    MOVE 'L' TO SCHALTER.
    WRITE ZEILE AFTER 1.
    MOVE SPACE TO ZEILE, GO TO LES.
A1. IF SCHALTER EQUAL TO 'L' GO TO A3.
    WRITE ZEILE AFTER 1.
    MOVE SPACE TO ZEILE.
A3. MOVE REST TO DBER.
    WRITE ZEILE AFTER ADVANCING 2 LINES.
                                   GO TO A0.
A2. MOVE REST TO BEZL.
    MOVE 'R' TO SCHALTER. GO TO LES.
A4. IF SCHALTER EQUAL TO 'L' GO TO ENDE.
    WRITE ZEILE AFTER 1.
ENDE.
    CLOSE KARTE DRUCKER.
    STOP RUN.
```

Zu Beispiel A.6.2

A.7.06
```
IDENTIFICATION DIVISION.
PROGRAM-ID. BEIA62.
ENVIRONMENT DIVISION.
INPUT-OUTPUT SECTION.
FILE-CONTROL.
    SELECT KARTE ASSIGN TO
        SYS008-UR-2501-S.
    SELECT LISTE ASSIGN TO
        SYS007-UR-1403-S.
DATA DIVISION.
FILE SECTION.
FD  KARTE
    RECORDING MODE IS F
    LABEL RECORDS ARE OMITTED
    DATA RECORD IS E-KARTE.
01  E-KARTE.
    02  E-KARTENART      PICTURE XX.
    02  E-ARTNR          PICTURE 9(5).
    02  E-EINZELPREIS    PICTURE 9(5).
    02  E-BEZ            PICTURE X(15).
    02  E-MENGE          PICTURE 9999.
    02  FILLER           PICTURE X(49).
FD  LISTE
    RECORDING MODE IS F
    LABEL RECORDS ARE OMITTED
    DATA RECORD IS ZEILE.
01  ZEILE.
    02  ARTNR        PICTURE 9(5).
    02  BEZ          PICTURE X(15).
    02  MENGE        PICTURE 9999.
    02  EINZELPREIS PICTURE 9(5).
```

Zu Beispiel A.6.3

A.7.07
```
DATA DIVISION.
FILE SECTION.
FD  KARTE
    RECORDING F
    LABEL RECORD OMITTED
    DATA RECORD EBER.
```

```
01   EBER.
     02   FILLER        PICTURE X(25).
     02   FELD          PICTURE 9(7).
     02   FILLER        PICTURE X(48).
FD   LISTE
     RECORDING F
     LABEL RECORD OMITTED
     DATA RECORD DBER.
01   DBER.
     02   DSUM          PIC ZBZZZBZZZBZZ9.
WORKING-STORAGE SECTION.
77   SUMME         PIC S9(10) VALUE ZERO.
```

Zu Beispiel A.6.4

```
DATA DIVISION.
FILE SECTION.
FD   KARTE
     LABEL RECORD OMITTED
     RECORDING F
     DATA RECORD KBER.
01   KBER.
     02   ABTNR         PICTURE X(2).
     02   ARTNR         PICTURE 999.
     02   ARTBEZ        PICTURE A(25).
     02   PREIS         PICTURE 9(4)V99.
     02   FILLER        PICTURE X(44).
FD   DRUCKER
     RECORDING F
     LABEL RECORD OMITTED
     DATA RECORD DBER.
01   DBER.
     02   DARTNR        PICTURE 9(3).
     02   FILLER        PICTURE X(3).
     02   DARTBEZ       PICTURE A(25).
     02   FILLER        PICTURE X(10).
     02   DPREIS        PICTURE ZZZ9.99.
```

Zu Beispiel A.6.5

```
DATA DIVISION.
FILE SECTION.
FD  KARTE
    RECORDING F
    LABEL RECORD OMITTED
    DATA RECORD EBER.
01  EBER.
    02  KA PICTURE X(2).
    02  E-ARTNR PICTURE 9(5).
    02  FILLER PICTURE X(20).
    02  E-MENGE PICTURE 9(4).
    02  FILLER PICTURE X(49).
FD  DRUCKER
    RECORDING F
    LABEL RECORD OMITTED
    DATA RECORD DBER.
01  DBER.
    02  ARTNR PICTURE 9(5).
    02  MENGE.
        03  BMENG PICTURE 9(4).
        03  GMENG PICTURE 9(4).
```

Zu Beispiel A.6.6

```
DATA DIVISION.
FILE SECTION.
FD  KARTE
    RECORDING F
    LABEL RECORD OMITTED
    DATA RECORD EBER.
01  EBER.
    02  K          PICTURE 9(6)V99.
    02  P          PICTURE 99V999.
    02  T.
        03  T1   PICTURE 99.
        03  M1   PICTURE 99.
        03  J1   PICTURE 99.
        03  T2   PICTURE 99.
        03  M2   PICTURE 99.
        03  J2   PICTURE 99.
```

```
FD  LISTE
    RECORDING F
    LABEL RECORD OMITTED
    DATA RECORD DBER.
01  DBER PICTURE ZZZZ9.99.
WORKING-STORAGE SECTION.
77  FELD          PICTURE  9(12)V99.
77  SUMTAGE       PICTURE  9999.
77  TM            PICTURE  S999.
77  TJ            PICTURE  9999.
    01  TAGE.
        02  DT         PICTURE S99.
        02  DM         PICTURE S99.
        02  DJ         PICTURE 99.
```

Zu Beispiel A.6.7

A.7.08

```
IDENTIFICATION DIVISION.
PROGRAM-ID. BEIA67.
ENVIRONMENT DIVISION.
INPUT-OUTPUT SECTION.
FILE-CONTROL.
    SELECT DRUCKER ASSIGN TO
        SYS007-UR-1403-S.
DATA DIVISION.
FILE SECTION.
FD  DRUCKER
    RECORDING F
    LABEL RECORD OMITTED
    DATA RECORD DBER.
01  DBER.
    02  DRUCK-N       PICTURE 99.
    02  FILLER        PICTURE X(10).
    02  DRUCK-R       PICTURE 9.99999.
WORKING-STORAGE SECTION.
77  N   PICTURE 99.
77  R   PICTURE 9V99999.
```

Zu Übung *A.6.01*

A.7.09
```
DATA DIVISION.
FILE SECTION.
FD  KARTEN RECORDING F
    LABEL RECORD OMITTED.
01  EBER.
    02  LAGNR   PIC X(10).
    02  FILLER  PIC X.
    02  ART     PIC X(19).
    02  FILLER  PIC X.
    02  ANZ     PIC X(3).
    02  FILLER  PIC X.
    02  SCHL    PIC X.
FD  DRUCKER RECORDING F
    LABEL RECORD OMITTED.
01  DBER.
    02  DLAGNR  PIC X(10).
    02  FILLER  PIC X(3).
    02  DART    PIC X(19).
```

Zu Übung *A.6.02*

```
DATA DIVISION.
FILE SECTION.
FD  KARTE RECORDING F
    LABEL RECORD OMITTED.
01  EBER.
    02 KA   PICTURE X.
    02 ZAHL PICTURE 99.
FD  DRUCKER
    RECORDING F
    LABEL RECORD OMITTED
    DATA RECORD DBER.
01  DBER.
    02 FILLER   PICTURE X.
    02 SUM1     PICTURE 9999.
    02 FILLER   PICTURE XXXX.
    02 SUM2     PICTURE 9999.
```

Zu Übung *A.6.11*

A.7.10

```
DATA DIVISION.
FILE SECTION.
FD  KARTEN RECORDING F
    LABEL RECORD OMITTED.
01  EBER.
    02  ABTNR    PIC 99.
    02  FILLER   PIC X(3).
    02  ARTNR    PIC 9(3).
    02  FILLER   PIC X(3).
    02  ARTBEZ   PIC X(25).
    02  FILLER   PIC X(3).
    02  MENGE    PIC 9(3).
    02  FILLER   PIC X(3).
    02  PREIS    PIC 9(4)V99.
FD  DRUCKER RECORDING F
    LABEL RECORD OMITTED.
01  DBER.
    02  DABTNR   PIC 99.
    02  FILLER   PIC X(3).
    02  DARTNR   PIC 9(3).
    02  FILLER   PIC X(3).
    02  DARTBEZ  PIC X(25).
    02  FILLER   PIC X(3).
    02  DPREIS   PIC ZZZ9.99.
```

A.7.11

```
DATA DIVISION.
FILE SECTION.
FD  KARTE
    RECORDING F
    LABEL RECORDS OMITTED
    DATA RECORD KBER.
01  KBER.
    02  FILLER        PICTURE X(10).
    02  FNAME         PICTURE X(20).
    02  FILLER        PICTURE X(19).
    02  LOHN          PICTURE 9(5)V99.
```

```
FD  LISTE
    RECORDING F
    LABEL RECORDS OMITTED
    DATA RECORD DBER.
01  DBER.
    02  FILLER         PICTURE X(21).
    02  DNAME          PICTURE X(20).
    02  FILLER         PICTURE X(9).
    02  DLOHN          PICTURE ZZBZZ9.99.
    02  DSTERN         PICTURE X.
PROCEDURE DIVISION.
    OPEN INPUT KARTE, OUTPUT LISTE.
ANF.
    READ KARTE AT END CLOSE KARTE
        LISTE STOP RUN.
    MOVE SPACE TO DBER.
    MOVE FNAME TO DNAME.
    MOVE LOHN TO DLOHN.
    IF LOHN > 9999.99 MOVE '*' TO
        DSTERN, WRITE DBER AFTER 2
        ELSE WRITE DBER AFTER 1.
    GO TO ANF.
```

A.8.01

```
IDENTIFICATION DIVISION.
PROGRAM-ID. UEBA801.
ENVIRONMENT DIVISION.
INPUT-OUTPUT SECTION.
FILE-CONTROL.
    SELECT KARTE ASSIGN TO
        SYS008-UR-2501-S.
    SELECT DRUCKER ASSIGN TO
        SYS007-UR-1403-S.
DATA DIVISION.
FILE SECTION.
FD  KARTE
    RECORDING F
    LABEL RECORD OMITTED
    DATA RECORD EBER.
```

```
01  EBER.
    02  KA PICTURE X.
    02  FILLER PICTURE X(9).
    02  REIHE.
        03 X PIC S9(5)V99 OCCURS 10.
FD  DRUCKER
    RECORDING F
    LABEL RECORD OMITTED
    DATA RECORD DBER.
01  DBER.
    02  DR PICTURE ZZBZZZBZZZBZZ9.99+.
    02  FE PICTURE X(25).
WORKING-STORAGE SECTION.
77  N            PICTURE 99.
77  SUMM         PICTURE S9(11)V99.
01  YWERTE.
    02  Y PICTURE S9(5)V99 OCCURS 10.
PROCEDURE DIVISION.
    OPEN INPUT KARTE OUTPUT DRUCKER.
LES.
    MOVE SPACE TO DBER.
    MOVE ZERO TO SUMM.
    READ KARTE AT END GO TO ENDE.
    IF KA NOT EQUAL TO 1 GO TO FEHLER.
    MOVE REIHE TO YWERTE.
    READ KARTE AT END GO TO ENDE.
    IF KA NOT EQUAL TO 2 GO TO FEHLER.
    MOVE 1 TO N.
SCHLEIFE.
    COMPUTE SUMM = SUMM + X (N) * Y (N).
    IF N = 10 GO TO DRUCK.
    ADD 1 TO N.
    GO TO SCHLEIFE.
DRUCK.
    MOVE SUMM TO DR.
    WRITE DBER.
    GO TO LES.
FEHLER.
    MOVE 'FALSCHE KARTE' TO FE.
    WRITE DBER. GO TO ENDE.
ENDE.
    CLOSE KARTE DRUCKER. STOP RUN.
```

A.8.02

```
IDENTIFICATION DIVISION.
PROGRAM-ID. UEBA802.
ENVIRONMENT DIVISION.
INPUT-OUTPUT SECTION.
FILE-CONTROL.
    SELECT KARTE ASSIGN TO
        SYS008-UR-3505-S
    SELECT DRUCKER ASSIGN TO
        SYS007-UR-1403-S.
DATA DIVISION.
FILE SECTION.
FD  KARTE
    RECORDING F
    LABEL RECORD OMITTED
    DATA RECORD EBER.
01  EBER.
    02  KA         PICTURE 9.
    02  ZAHL       PICTURE 99.
FD  DRUCKER
    RECORDING F
    LABEL RECORD OMITTED
    DATA RECORD DBER.
01  DBER.
    02  TAB PICTURE Z(7)9 OCCURS 9.
WORKING-STORAGE SECTION.
77  N              PICTURE 99.
01  FILLER.
    02  SUMM       PICTURE 9(8) OCCURS 9.
PROCEDURE DIVISION.
    OPEN INPUT KARTE OUTPUT DRUCKER.
    MOVE 1 TO N.
NULL.
    MOVE ZERO TO SUMM (N).
    ADD 1 TO N.
    IF N > 9 GO TO LESEN.
    GO TO NULL.
LESEN.
    READ KARTE AT END GO TO DRUCK.
    ADD ZAHL TO SUMM (KA).
    GO TO LESEN.
DRUCK.
    MOVE 1 TO N.
```

```
UEBERTR.
    MOVE SUMM (N) TO TAB (N).
    ADD 1 TO N.
    IF N > 9 GO TO SCHREIB.
    GO TO UEBERTR.
SCHREIB.
    WRITE DBER.
    CLOSE KARTE DRUCKER. STOP RUN.
```

A.8.03 Nein! Wegen der Abfrage

IF N > 9 GO TO ...

muß in N eine größere ganze Zahl als 9 gespeichert werden können. In einem einstelligen Feld ergäbe sich $9+1=0$, da die Zehnerstelle abgeschnitten wird.

A.9.01

```
IDENTIFICATION DIVISION.
PROGRAM-ID. UEBA901.
ENVIRONMENT DIVISION.
INPUT-OUTPUT SECTION.
FILE-CONTROL.
    SELECT KARTE ASSIGN TO
        SYS008-UR-2501-S.
    SELECT LISTE ASSIGN TO
        SYS007-UR-1403-S.
DATA DIVISION.
FILE SECTION.
FD  KARTE
    RECORDING F
    LABEL RECORD OMITTED
    DATA RECORD EBER.
01  EBER.
    02  NAME     PICTURE X(15).
    02  A        PICTURE 999.
    02  B        PICTURE 999.
FD  LISTE
    RECORDING F
    LABEL RECORD OMITTED
    DATA RECORD DBER.
```

```
01  DBER.
    02  DNAME     PICTURE X(15).
    02  FILLER    PICTURE X(5).
    02  DA        PICTURE ZZ9.
    02  FILLER    PICTURE X(5).
    02  DB        PICTURE ZZ9.
    02  FILLER    PICTURE X(5).
    02  DC        PICTURE ZZBZZZBZZ9.
WORKING-STORAGE SECTION.
77  C             PIC S9(6) VALUE ZERO.
77  SUMME         PIC S9(8) VALUE ZERO.
PROCEDURE DIVISION.
    OPEN INPUT KARTE OUTPUT LISTE.
    MOVE SPACE TO DBER.
A1. READ KARTE AT END MOVE SUMME TO DC
                          PERFORM SCHREIBEN
    CLOSE KARTE LISTE STOP RUN.
    MOVE NAME TO DNAME.
    PERFORM SCHREIBEN.
    MOVE A TO DA.
    MOVE B TO DB.
    COMPUTE C = A * B.
    MOVE C TO DC.
    PERFORM SCHREIBEN.
    ADD C TO SUMME.
    GO TO A1.
SCHREIBEN.
    WRITE DBER.
    MOVE SPACE TO DBER.
```

B.1.01 Darstellung im gezonten Format: 11Ø1 ØØ11
D 3

Darstellung im gepackten Format: ØØ11 11Ø1
3 D

Darstellung im binären Format: 1ØØØ ØØØØ ØØØØ ØØ11

Beachte, daß die kleinste Speichereinheit für das binäre Format das Halbwort (2 Bytes) ist.

B.1.02 Es handelt sich um die Zahl 2Ø.

Darstellung im gepackten Format:	ØØØØ ØØ1Ø	ØØØØ 11ØØ
	Ø 2	Ø C
Darstellung im binären Format:	ØØØØ ØØØØ	ØØØ1 Ø1ØØ
	Ø Ø	1 4

B.7.01
```
Ø2  BER1 REDEFINES BER.
    Ø3  A PICTURE X(7).
    Ø3  B PICTURE 9(8).
```

Statt BER1 hätte man irgendeinen anderen Feldnamen wählen können.

B.7.02 Nein! Wenn die erste Karte die Kartenart 2 enthält, so wird nach Paragraph 3 verzweigt. Man findet dort den Befehl:

```
MOVE ZEROES TO SUMME.
```

Damit wird die VALUE-ZERO-Eintragung entbehrlich.

B.7.03 Es muß ein weiteres Feld ENDSUMME definiert werden.

In Paragraph 2 ist eine Zeile

```
ADD SUMME TO ENDSUMME.
```

einzufügen.

In Paragraph ENDE muß dann noch ENDSUMME in den Druckbereich übertragen und ausgedruckt werden.

B.7.04 Es gibt mehrere Möglichkeiten. Am einfachsten ist folgender ,,Trick":

Nach der Anweisung

```
WRITE DBER AFTER ADVANCING 3 LINES.
```

fügen wir die Zeilen

```
MOVE SPACE TO DBER.
WRITE DBER AFTER ADVANCING 1 LINES.
```

ein.

B.8.01
```
IDENTIFICATION DIVISION.
PROGRAM-ID. UEBB801.
REMARKS. KOSTENVERTEILUNG NACH
    KOSTENARTEN UND KOSTENSTELLEN.
ENVIRONMENT DIVISION.
INPUT-OUTPUT SECTION.
```

```
FILE-CONTROL.
     SELECT KARTE ASSIGN TO
          SYS008-UR-2501-S.
     SELECT LISTE ASSIGN TO
          SYS007-UR-1403-S.
DATA DIVISION.
FILE SECTION.
FD  KARTE
    RECORDING F
    LABEL RECORD OMITTED
    DATA RECORD KBER.
01  KBER.
    02  ART PICTURE 99.
    02  STELLE PICTURE 99.
    02  BETRAG PICTURE S9(3)V99.
FD  LISTE
    RECORDING F
    LABEL RECORD OMITTED
    DATA RECORD DBER.
01  DBER PICTURE X(44).
WORKING-STORAGE SECTION.
77  IKA PICTURE S99, COMPUTATIONAL.
77  IKO PICTURE S99, COMPUTATIONAL.
77  SUMART PIC S9(5)V99 COMP-3
         VALUE ZERO.
77  ZT PICTURE X, VALUE ZERO.
77  KONST PIC X(17)
         VALUE 'SUMME KOSTENART'.
01  FILLER.
    02  FILLER OCCURS 30.
         03  SUMME PIC S9(5)V99 COMP-3
         OCCURS 70.
01  DBER1.
    02  VC          PIC X.
    02  FILLER      PIC X(9), VALUE SPACE.
    02  DART        PIC 99, BLANK ZERO.
    02  FILLER      PIC XX, VALUE SPACE.
    02  DSTELLE     PIC 99, BLANK ZERO.
    02  FILLER      PIC XX, VALUE SPACE.
    02  BETR        PIC  ZZBZZ9.99.
    02  TEXT        PIC X(17) VALUE SPACE.
PROCEDURE DIVISION.
    OPEN INPUT KARTE, OUTPUT LISTE.
```

```
ANFANG.
    PERFORM LOESCH VARYING IKA FROM 1
        BY 1 UNTIL IKA > 30 AFTER IKO
        FROM 1 BY 1 UNTIL IKO > 70.
LESEN.
    READ KARTE AT END GO TO DRUCK.
    MOVE ART TO IKA, MOVE STELLE TO IKO.
    ADD BETRAG TO SUMME (IKA, IKO).
    GO TO LESEN.
DRUCK.
    PERFORM SCHLART VARYING IKA FROM
        1 BY 1 UNTIL IKA > 30.
    CLOSE KARTE, LISTE, STOP RUN.
SCHLART.
    MOVE IKA TO DART.
    PERFORM SCHLSTELLE THRU AUSGANG
    VARYING IKO FROM 1 BY 1 UNTIL
        IKO > 70.
    MOVE SUMART TO BETR, MOVE
        KONST TO TEXT.
    WRITE DBER FROM DBER1 AFTER 1.
    MOVE ZERO TO SUMART, MOVE
        SPACE TO TEXT MOVE 1 TO ZT.
SCHLSTELLE.
    IF SUMME (IKA, IKO) = 0 GO TO
        AUSGANG.
    MOVE IKO TO DSTELLE, MOVE
        SUMME (IKA, IKO) TO BETR.
    ADD SUMME (IKA, IKO) TO SUMART.
    IF ZT = 1 WRITE DBER AFTER 2 ELSE
              WRITE DBER AFTER 1.
    MOVE ZERO TO DART, DSTELLE, ZT.
AUSGANG. EXIT.
LOESCH.
    MOVE ZEROS TO SUMME (IKA, IKO).
```

ANHANG 1

DER ZEICHENSATZ

Der vollständige COBOL-Zeichensatz besteht aus den folgenden Zeichen:

Aus den Ziffern Ø bis 9
Aus den Buchstaben A bis Z

Aus den Sonderzeichen:

b̶ Leerzeichen (blank)
\+ Pluszeichen
— Minuszeichen oder Bindestrich
* Schutzsternzeichen oder Stern
/ Schrägstrich
= Gleichheitszeichen
> größer als
< kleiner als
$ Dollarzeichen
, Komma
. Punkt oder Dezimalpunkt
' Anführungszeichen
(linke Klammer
) rechte Klammer
; Semikolon

Aus den vorangegangenen Zeichen werden die folgenden Zeichen für COBOL-Worte benützt:

Ø—9
A—Z
— Bindestrich

Die folgenden Zeichen dienen zur Interpunktion:

' Anführungsstrich
(linke Klammer
) rechte Klammer
, Komma
. Punkt
; Semikolon

Die folgenden Zeichen werden in arithmetischen Ausdrücken verwendet:

\+ Addition
— Subtraktion
* Multiplikation
/ Division
** Potenzierung

Die folgenden Zeichen werden in Beziehungstests verwendet:

$>$ größer als
$<$ kleiner als
$=$ gleich

ANHANG 2

DIE INTERPUNKTION

Für das Schreiben von COBOL-Programmen gelten die folgenden allgemeinen Interpunktionsregeln:

1. Einem Punkt oder Komma dürfen keine Leerstellen vorangehen, es müssen jedoch Leerstellen folgen.
2. Einer linken Klammer darf nicht unmittelbar eine Leerstelle folgen. Einer rechten Klammer darf nicht unmittelbar eine Leerstelle vorangehen.
3. Wenigstens eine Leerstelle muß zwischen zwei fortlaufenden Wörtern oder Ausdrücken auftreten.
4. Wird ein arithmetischer Operator oder ein Gleichheitszeichen verwendet, so muß diesem Zeichen mindestens eine Leerstelle vorangehen und mindestens eine Leerstelle folgen.
5. Ein Komma kann an beliebiger Stelle gesetzt werden. Es wird verwendet, um das Lesen einer Folge von Eintragungen zu erleichtern und hat keinen Einfluß auf den Programmablauf.

ANHANG 3

VORBEMERKUNGEN

In Anhang 3 und 4 sind die wichtigsten COBOL-Anweisungen zusammengestellt. Dabei ist folgende Schreibweise zu beachten:

1. Alle Wörter in Großbuchstaben *(reservierte Wörter)* dürfen nicht verändert und zu keinem anderen Zweck verwendet werden.
2. Alle *unterstrichenen* reservierten Wörter sind zwingend einzutragen. Man nennt sie *Schlüsselwörter*.

   Alle *nicht unterstrichenen* reservierten Wörter können nach Wahl geschrieben oder weggelassen werden. Sie dienen nur der besseren Lesbarkeit des Programms und haben keinen Einfluß auf die Durchführung. Sie werden auch *Wahlwörter* genannt. Schreibfehler bei Wahlwörtern sind nicht erlaubt.

3. Wörter in Kleinbuchstaben stehen für Daten- oder Paragraphennamen oder geben Hinweise auf allgemeine Eintragungen.
4. Die eckigen Klammern [ ] zeigen an, daß der eingeschlossene Text je nach den Erfordernissen des Programms verwendet oder weggelassen werden kann.
5. Die geschwungenen Klammern { } bedeuten, daß einer der senkrecht eingetragenen Begriffe verwendet werden muß. Steht nur ein einziges Zeichen in geschwungener Klammer, so muß dieses Zeichen im Rahmen dieses Buches verwendet werden. In einer höheren Theorie gibt es hier Wahlmöglichkeiten.

DIE WICHTIGSTEN COBOL-BEFEHLE IN IHRER EINFACHSTEN FORM

READ

Funktion:

Ein eingelesener Satz wird im Lesebereich des Hauptspeichers zur Verfügung gestellt. Nach dem Einlesen des letzten Satzes wird der unbedingte Befehl durchgeführt.

Format:

<u>READ</u>	Dateiname	AT <u>END</u>	unbedingter Befehl
(lies)		(am Ende)	

WRITE

1. Funktion:

Ein im Ausgabebereich des Hauptspeichers zusammengestellter Satz wird geschrieben.

1. Format:

<u>WRITE</u>	Ausgabebereich
(schreibe)	

2. Funktion:

Ein im Ausgabebereich des Hauptspeichers zusammengestellter Satz wird geschrieben und gleichzeitig wird nach dem Drucken der Zeilentransport bzw. der Vorschub gesteuert.

2. Format:

```
WRITE      Ausgabebereich   [{ BEFORE }  ADVANCING
(schreibe)                   { AFTER  }  (Vorschub)
                                   { Feldname   LINES }]
                                   { Ganzzahl   LINES }]
                                   { Merkname         }]
      [AT END-OF-PAGE Anweisung]
          (Seitenende)
```

1. Die erste Stelle des Ausgabebereiches muß bei Verwendung des 2. Formats freigehalten werden und wird auch nicht ausgedruckt. Diese dient zur Aufnahme eines internen Steuerzeichens, das die Formularsteuerung auslöst.
2. *Feldname* muß der Name eines numerischen Feldes sein. *Ganzzahl* ist eine ganze Zahl zwischen 0 und 99. Diese Zahl kann auch in Feldname gespeichert werden und gibt an, wie viele Zeilen das Druckformular vor oder nach dem Drucken weiterbewegt werden soll.
3. Wenn der *Merkname* verwendet wird, so muß dieser im SPECIAL-NAMES Paragraph (d. i. der letzte Paragraph der CONFIGURATION SECTION in der ENVIRONMENT DIVISION) definiert sein. (Siehe Kapitel B.7.4. auf Seite 83.)
4. AT END-OF-PAGE ist eine Bedingungsabfrage, die die Lochung von Kanal 12 am Vorschublochband feststellt. Diese Abfrage darf nur in Verbindung mit RESERVE NO eingetragen werden.
5. Wenn in einem Programm an irgendeiner Stelle das 2. Format des WRITE-Befehls verwendet wird, so muß bei allen anderen WRITE-Befehlen auch Format 2 verwendet werden.

OPEN

Funktion:

Die Maschine nimmt die internen Schaltungen vor, die notwendig sind, um bei nachfolgenden READ-Befehlen die Datensätze im Hauptspeicher bereitzustellen bzw. vom Hauptspeicher auszugeben.

Format:

```
OPEN         INPUT        Eingabedatei
(eröffne)    (Eingabe)
bzw.
OPEN         OUTPUT       Ausgabedatei
             (Ausgabe)
```

CLOSE

Funktion:

Die Maschine überprüft nach dem letzten READ- bzw. WRITE-Befehl die ordnungsgemäße Durchführung dieser Anweisung und führt gewisse Schaltungen durch, die in diesem Zusammenhang notwendig sind.

Format:

<u>**CLOSE**</u>	Eingabedatei
<u>**CLOSE**</u>	Ausgabedatei
(schließe)	

oder kürzer:

<u>**CLOSE**</u>	Eingabedatei Ausgabedatei

MOVE

Funktion:

Die in einem Feld gespeicherten Daten *(Sendefeld)* werden in ein anderes Feld *(Empfangsfeld)* übertragen. Die Daten im Sendefeld bleiben dabei erhalten, jene im Empfangsfeld werden überschrieben.

Format:

<u>**MOVE**</u>	Sendefeld	<u>**TO**</u>	Empfangsfeld
(übertrage)		(nach)	

Wichtige Sonderfälle:

MOVE SPACES TO Empfangsfeld
(Leerzeichen)

Hier bedeutet SPACES nicht ein bestimmtes Feld, sondern es wird durch diese Anweisung das Empfangsfeld gelöscht (d. h. mit Leerzeichen angefüllt).

MOVE ZEROES TO Empfangsfeld
(Nullen)

Das Empfangsfeld wird mit Nullen gefüllt.

ADD

1. Funktion:

Es werden die Zahlen der Sendefelder zur Zahl im Empfangsfeld addiert.

1. Format:

ADD	Sendefeld1	Sendefeld2 ...	**TO**	Empfangsfeld
(addiere)			(nach)	

2. Funktion:

Es werden die Summen von zwei oder mehreren Feldern in ein Summenfeld übertragen. Feld 1, Feld 2, ... usw. bleiben unverändert.

2. Format:

ADD	Feld1	Feld2	Feld3	...	**GIVING**	Summenfeld
(addiere)					(mit dem Ergebnis)	

SUBTRACT

Funktion:

Die Summe aller Subtrahenden wird vom Minuenden subtrahiert, wobei

1. die Differenz im Feld des Minuenden gespeichert wird,
2. die Differenz in einem neuen Feld (Differenzfeld) gespeichert wird.

Alle anderen Felder bleiben unverändert.

1. Format:

SUBTRACT	Subtrahend1	Subtrahend2 ...	**FROM**	Minuend
(subtrahiere)			(von)	

2. Format:

SUBTRACT	Subtrahend1	Subtrahend2	**FROM**	Minuend
			GIVING	Differenzfeld

MULTIPLY

Funktion:

Zwei Faktoren werden multipliziert, wobei

1. im Feld des 2. Faktors das Produkt gespeichert wird, oder
2. das Ergebnis in einem neuen Feld (Produktfeld) gespeichert wird.

1. Format:

MULTIPLY	Faktor1	**BY**	Faktor2
(multipliziere)		(mit)	

2. Format:

MULTIPLY	Faktor1	**BY**	Faktor2	**GIVING**	Produktfeld

DIVIDE

Funktion:

Der Dividend wird durch den Divisor geteilt. Das Ergebnis wird im
1. Feld des Dividenden gespeichert,
2. Quotientenfeld gespeichert.

1. Format:

DIVIDE	Divisor	**INTO**	Dividend
(dividiere)		(in)	

2. Format:

DIVIDE	Divisor	**INTO**	Dividend	**GIVING**	Quotient

COMPUTE

Funktion:

Ein arithmetischer Ausdruck wird berechnet und gespeichert. Es können beliebige Felder durch folgende Rechenzeichen verknüpft werden:

Addition	+
Subtraktion	−
Multiplikation	*
Division	/
Potenzierung	**

Durch Klammern kann die Rechenreihenfolge geregelt werden. In Ausdrücken ohne Klammer erfolgt zuerst die Potenzierung vor der Multiplikation und Division und zuletzt die Addition und Subtraktion.

Format:

<u>**COMPUTE**</u> (berechne)	Ergebnis = arithmetischer Ausdruck

GO TO

Funktion:

Diese Anweisung bewirkt einen Sprung in der Befehlsfolge eines Programms zu den angegebenen Paragraphen.

Format:

<u>**GO TO**</u> (gehe nach)	Paragraphenname.

IF

1. Funktion:

Der IF-Befehl enthält eine *Bedingung* und eine *Anweisung*. Wenn diese *Bedingung* erfüllt ist, wird die angegebene *Anweisung* durchgeführt. Wenn nicht, wird die dem IF-Befehl *folgende Anweisung* durchgeführt.

1. Format:

<u>IF</u> (wenn)	Bedingung	THEN (dann)	Anweisung.

Bemerkungen:

Das Wort THEN kann auch weggelassen werden, ohne daß sich an der Funktion des Befehls etwas ändert.

Als Bedingung tritt häufig ein Vergleich auf *gleich*, *ungleich*, *größer* oder *kleiner* auf:

$A = B$	oder	A EQUAL TO B (gleich)
A NOT $= B$	,,	A NOT EQUAL TO B
$A > B$	,,	A GREATER B (größer)
A NOT $> B$	,,	A NOT GREATER B
$A < B$	,,	A LESS B (kleiner)
A NOT $< B$	,,	A NOT LESS B

Es dürfen auch beliebig viele Und- bzw. Oder-Verknüpfungen dieser Vergleiche als Bedingungen auftreten:

z. B.: $A = B$ OR $C = D$ OR $X = Y$
(oder) (oder)

X GREATER A AND X LESS B
(und)

d. h.: X liegt zwischen A und B

2. Funktion:

Der IF-Befehl enthält eine Bedingung und *zwei* Anweisungen. Wenn die Bedingung erfüllt ist, wird die erste, sonst die zweite Anweisung durchgeführt.

2. Format:

IF	Bedingung	THEN	Anweisung1	ELSE	Anweisung2.
(wenn)		(dann)		(sonst)	

Bemerkungen:

1. Das Wort THEN kann weggelassen werden.
2. Statt Anweisung1 bzw. Anweisung2 könnten auch die reservierten COBOL-Wörter NEXT SENTENCE stehen. Es ist dies die spezielle Anweisung, den nachfolgenden (d. h. den nach dem Punkt folgenden) Befehl durchzuführen.
3. Anweisung1 bzw. Anweisung2 können auch aus mehreren Befehlen bestehen, die dann nicht durch Punkte getrennt werden dürfen.

Zum Beispiel: Anweisung2 könnte lauten:

MOVE A TO B, MOVE BETRAG TO WERT,
ADD BETRAG TO SUMME ....

(Die Beistriche können auch weggelassen werden.)

STOP RUN

Funktion:

STOP: Zeichen für das *logische* Ende des Programms.

RUN: Aufforderung an den Computer, das Programm durchzuführen.

Format:

STOP	**RUN.**
(Ende)	(führe durch)

Bemerkungen:

STOP RUN ist das *logische*, nicht das *physische* Ende des Programms. Das heißt, STOP RUN muß nicht in der *letzten* Karte des Programms stehen.

ANHANG 4

GRUNDLEGENDE COBOL-ANWEISUNGEN

(Siehe auch Vorbemerkung zu Anhang 3)

IDENTIFICATION DIVISION.
PROGRAM-ID. 'Programmname'.
[REMARKS. Bemerkungen . . .]

ENVIRONMENT DIVISION.
[CONFIGURATION SECTION.
[SOURCE-COMPUTER. Modellbezeichnung].
[OBJECT-COMPUTER. Modellbezeichnung].
[SPECIAL-NAMES.]]

```
┌INPUT-OUTPUT SECTION.                                    ┐
│FILE-CONTROL.                                            │
│ SELECT Dateiname                                        │
│                                                         │
│  ASSIGN TO Einheitenbeschreibung                        │
│  ┌           ┌NO┐                                   ┐    │
└  └RESERVE    └1 ┘ ALTERNATE AREA[S]                 ┘.   ┘

DATA DIVISION.

FILE SECTION.

FD Dateiname

  [RECORDING MODE IS {F}]

        ┌RECORD IS    ┐
  LABEL └RECORDS ARE  ┘ {OMITTED}

       ┌RECORDS ARE┐
DATA   └RECORD IS  ┘ Bereichsname

WORKING-STORAGE SECTION.

Stufennummer ┌Feldname┐ [REDEFINES Feld-2]
             └FILLER  ┘

┌                ┌Symbol A┐┐
│ PICTURE IS     │Symbol X││
│                │Symbol 9││
└                └Listwort┘┘

 [OCCURS Ganzzahl TIMES]
 [BLANK WHEN ZERO]
[VALUE IS Literal]

┌          ┌DISPLAY          ┐┐
│          │COMPUTATIONAL    ││
│ USAGE IS │COMPUTATIONAL-1  ││
│          │COMPUTATIONAL-2  ││
└          └COMPUTATIONAL-3  ┘┘
```

PROCEDURE DIVISION

```
                         ┌      ┌SYSIPT  ┐┐
ACCEPT Bereichsname      │FROM  │CONSOLE ││
                         └      └Merkname┘┘

                           ┌      ┌SYSPUNCH┐┐
DISPLAY Bereichsname       │UPON  │CONSOLE ││
        oder Literal       └      └Merkname┘┘

PERFORM Paragraphenname1  [THRU Paragraphenname2]

┌  VARYING Feldname1          FROM   {Num-Literal2}        ┐
│                                    { Feldname2  }        │
│  BY {Num-Literal3}                 UNTIL Bedingung1      │
│     { Feldname3  }                                       │
│┌ AFTER Feldname4]           FROM   {Num-Literal5}       ┐│
││                                   { Feldname5  }       ││
││ BY {Num-Literal6}                 UNTIL Bedingung2     ││
││    { Feldname6  }                                      ││
││[AFTER Feldname7            FROM   {Num-Literal8}       ││
││                                   { Feldname8  }       ││
││ BY {Num-Literal9}                 UNTIL Bedingung3].   ││
└└    { Feldname9  }                                      ┘┘
```

ANHANG 5

RESERVIERTE COBOL-WÖRTER

Alle in Anhang 3 und 4 unterstrichenen Wörter sind sogenannte *reservierte COBOL-Wörter* und dürfen vom Programmierer nicht zur freien Benennung von Feld- bzw. Paragraphennamen verwendet werden.

Die folgende Liste umfaßt alle reservierten COBOL-Wörter des voll ausgebauten ANS COBOL und die reservierten Wörter der IBM-Erweiterungen zu ANS COBOL.

ACCEPT
ACCESS
ACTUAL
ADD
ADDRESS
ADVANCING
AFTER
ALL
ALPHABETIC
ALTER
ALTERNATE
AND
APPLY
ARE
AREA
AREAS
ASCENDING
ASSIGN
AT
AUTHOR

BASIS
BEFORE
BEGINNING
BLANK
BLOCK
BY

CALL
CF
CH
CHANGED
CHARACTERS
CLOCK-UNITS
CLOSE
COBOL
CODE
COLUMN
COM-REG
COMMA
COMP
COMP-1
COMP-2
COMP-3
COMPUTATIONAL
COMPUTATIONAL-1
COMPUTATIONAL-2
COMPUTATIONAL-3
COMPUTE
CONFIGURATION
CONSOLE
CONTAINS
CONTROL
CONTROLS
COPY
CORE-INDEX
CORR
CORRESPONDING
CSP
CURRENCY
CURRENT-DATE
CYL-INDEX
CYL-OVERFLOW
C01
C02
C03
C04
C05
C06
C07
C08
C09
C10
C11
C12

DATA
DATE-COMPILED
DATE-WRITTEN
DE
DEBUG
DECIMAL-POINT
DECLARATIVES
DELETE
DEPENDING
DETAIL
DISP
DISPLAY
DISPLAY-ST
DIVIDE
DIVISION
DOWN

EJECT
ELSE
END
END-OF-PAGE
ENDING
ENTER
ENTRY
ENVIRONMENT
EOP
EQUAL
ERROR
EVERY

EXAMINE
EXHIBIT
EXIT
EXTENDED-SEARCH

FD
FILE
FILE-CONTROL
FILE-LIMIT
FILE-LIMITS
FILLER
FINAL
FIRST
FOOTING
FOR
FROM

GENERATE
GIVING
GO
GOBACK
GREATER
GROUP

HEADING
HIGH-VALUE
HIGH-VALUES

I-O
I-O-CONTROL
ID
IDENTIFICATION
IF
IN
INDEX
INDEXED
INDICATE
INITIATE
INPUT
INPUT-OUTPUT
INSERT
INSTALLATION
INTO
INVALID
IS

JUST
JUSTIFIED

KEY

LABEL
LABEL-RETURN
LAST
LEADING
LEAVE
LEFT
LESS
LIMIT
LIMITS
LINE
LINE-COUNTER
LINES
LINKAGE
LOCK
LOW-VALUE
LOW-VALUES

MASTER-INDEX
MEMORY
MODE
MODULES
MORE-LABELS
MOVE
MULTIPLE
MULTIPLY

NAMED
NEGATIVE
NEXT
NO
NOMINAL
NOT
NOTE
NSTD-REELS
NUMBER
NUMERIC

OBJECT-COMPUTER
OCCURS
OF
OFF
OMITTED
ON
OPEN
OPTIONAL
OR
OTHERWISE
OUTPUT

PAGE
PAGE-COUNTER
PERFORM
PF
PH
PIC
PICTURE
PLUS
POSITION
POSITIONING
POSITIVE
PRINT-SWITCH
PROCEDURE
PROCEED
PROCESSING
PROGRAM
PROGRAM-ID

QUOTE
QUOTES

RANDOM
RD
READ
READY
RECORD
RECORD-OVERFLOW
RECORDING
RECORDS
REDEFINES
REEL
RELEASE
REMAINDER
REMARKS
RENAMES
REORG-CRITERIA
REPLACING
REPORT
REPORTING
REPORTS
REREAD
RERUN
RESERVE
RESET

RETURN
RETURN-CODE
REVERSED
REWIND
REWRITE
RF
RH
RIGHT
ROUNDED
RUN

SAME
SD
SEARCH
SECTION
SECURITY
SEEK
SEGMENT-LIMIT
SELECT
SENTENCE
SEQUENTIAL
SET
SIGN
SIZE
SKIP1
SKIP2
SKIP3
SORT
SORT-CORE-SIZE
SORT-FILE-SIZE
SORT-MODE-SIZE
SORT-RETURN
SOURCE
SOURCE-COMPUTER
SPACE
SPACES
SPECIAL-NAMES
STANDARD
START
STATUS
STOP
SUBTRACT
SUM
SUPPRESS
SYNC
SYNCHRONIZED
SYSIN
SYSIPT
SYSLST
SYSOUT
SYSPCH
SYSPUNCH
S01
S02

TALLY
TALLYING
TAPE
TERMINATE
THAN
THEN
THROUGH
THRU
TIME-OF-DAY
TIMES
TO
TOTALED
TOTALING
TRACE
TRACK
TRACK-AREA
TRACK-LIMIT
TRACKS
TRANSFORM
TYPE

UNIT
UNTIL
UP
UPON
UPSI-0
UPSI-1
UPSI-2
UPSI-3
UPSI-4
UPSI-5
UPSI-6
UPSI-7
USAGE
USE
USING

VALUE
VALUES
VARYING

WHEN
WITH
WORDS
WORKING-STORAGE
WRITE
WRITE-ONLY
WRITE-VERIFY

ZERO
ZEROES
ZEROS

REGISTER